"五大发展理念"

与新型城镇化之路研究报告

牛文元◎主编

科学出版社

北 京

内 容 简 介

新型城镇化是现代化的必由之路，在"十三五"期间，新型城镇化建设需要站在新起点、取得新进展。这就要求以创新、协调、绿色、开放、共享的"五大发展理念"为引领，以人的城镇化为核心，更加注重提高户籍人口城镇化率，更加注重城乡基本公共服务均等化，更加注重环境宜居和历史文脉传承，更加注重提升人民群众获得感和幸福感。本报告依据党的十八大以来党中央对新型城镇化建设重大决策部署，结合新时期城镇化建设的特征和要求，以资源型城市作为切入点，描绘了在"五大发展理念"指引下我国的新型城镇化之路。具体包括：创新发展是新型城镇化的核心动力，协调发展反应新型城镇化的内在要求，绿色发展是新型城镇化建设的必要条件，开放发展为新型城镇化推进的行动先导，共享发展体现新型城镇化内涵的基本保障。

本报告可为各级决策部门、行政管理部门，以及从事新型城镇化理论与实践的科研工作者、高等院校师生和有关国际组织提供参考。

图书在版编目（CIP）数据

"五大发展理念"与新型城镇化之路研究报告／牛文元主编.—北京：科学出版社，2017.1

ISBN 978-7-03-050723-5

Ⅰ. 五… Ⅱ. 牛… Ⅲ. 城市化–研究报告–中国 Ⅳ. F299.21

中国版本图书馆 CIP 数据核字（2016）第 277549 号

责任编辑：李　敏　王　倩／责任校对：邹慧卿

责任印制：肖　兴／封面设计：铭轩堂

科学出版社 出版

北京东黄城根北街 16 号

邮政编码：100717

http://www.sciencep.com

新科印刷有限公司 印刷

科学出版社发行　各地新华书店经销

*

2017 年 1 月第　一　版　开本：787×1092　1/16

2017 年 1 月第一次印刷　印张：11 1/4　插页：2

字数：250 000

定价：88.00 元

（如有印装质量问题，我社负责调换）

《"五大发展理念"与新型城镇化之路研究报告》编纂委员会

主　　编　牛文元　中国科学院可持续发展战略研究组名誉
　　　　　　　　　组长，首席科学家
副 主 编　刘怡君　王红兵
主要执笔人　王红兵　王光辉　李倩倩　马　宁
成　　员　黄　远　廉　莹　董雪璠　陈思佳
　　　　　蒋文静　迟钰雪

目　录

第一篇

主题篇："五大发展理念"引领新型城镇化

第一章　新型城镇化之路

城镇化是指农村人口不断向城镇转移，二、三产业不断向城镇聚集，从而使城镇数量增加，城镇规模扩大的一种历史过程，它主要表现为随着一个国家或地区社会生产力的发展、科学技术的进步以及产业结构的调整，其农村人口居住地点向城镇的迁移和农村劳动力从事职业向城镇二、三产业的转移。城镇化的过程也是各个国家在实现工业化、现代化过程中所经历社会变迁的一种反映。

新型城镇化概念最早见于 2007 年 3 月习近平的《走高效生态的新型农业现代化道路》一文。习近平指出："发展高效生态农业，必须按照新型工业化、新型城镇化和新型农业现代化整体推进的思路，把工业与农业、城市与农村作为一个整体来谋划，进一步健全工业反哺农业、城市带动农村的体制机制，充分发挥工业化、城镇化、市场化对'三农'的带动作用和'三农'对'三化'的促进作用，让农民主动参与'三化'进程，成为'三化'的重要推动力量及其成果的共享者。"

2013 年 12 月 12～13 日，中央城镇化工作会议在北京举行，会议要求，要以人为本，推进以人为核心的城镇化，提高城镇人口素质和居民生活质量，把促进有能力在城镇稳定就业和生活的常住人口有序实现市民化作为首要任务。要优化布局，根据资源环境承载能力构建科学合理的城镇化宏观布局，把城市群作为主体形态，促进大中小城市和小城镇合理分工、功能互补、协同发展。

2014 年，中共中央、国务院印发《国家新型城镇化规划（2014—2020年)》，围绕城镇化水平和质量稳步提升五大发展目标，提出了一系列具体政策措施。

2016 年 2 月，《国务院关于深入推进新型城镇化建设的若干意见》指出：新型城镇化是现代化的必由之路，是最大的内需潜力所在，是经济发展的重要动力，也是一项重要的民生工程。

一、当代中国城镇化特征

（一）新中国成立以来我国城镇化发展阶段

城镇化是随着社会生产力的发展，人们的生产方式、生活方式、居住方式得到逐步改变的历史进程，同时也是整个经济社会发生巨大变革并促使社会发展的过程。根据我国不同时期城市发展的主要特征，新中国成立后我国的城镇化发展以改革开放作为分界线分为两个主要时期，即新中国成立后至改革开放前和改革开放以后。

1. 改革开放以前我国城镇化进程

改革开放以前我国城镇化过程可以划分两个阶段。1949～1965 年为城镇化起步阶段，新中国成立之初，全国只有 86 个城市，城镇化水平仅为10.6%，远低于当时的世界平均水平。新中国成立初期，国家急需发展经济，为了保障城市工业发展所需劳动力的充分供给，政府鼓励农村劳动力向城市流动，城镇化率提高较快。自 1959 年开始，由于经济发展战略失误、自然灾害严重和周边政治局势紧张，中国工业化和城镇化进程受到很大影响，其中 1959～1963 年城镇人口缩减了 1427 万人，城镇化率下降 1.6 个百分点。

1965～1978 年为城镇化的停滞阶段，在这一时期，中国经历了"文化大革命"，城镇化进程基本停滞。城镇人口年均增长 2 个百分点，低于全国人口自然增长率，导致城镇化率下降 0.4 个百分点。这一时期，城镇年平均增加人口 323 万人，但城镇化率年均下降 0.03 个百分点。

2. 改革开放以后我国城镇化进程

改革开放后中国城镇化进程（图1-1），可以分为以下五个阶段：

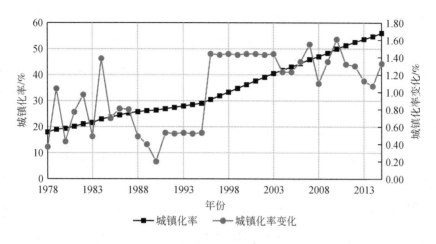

图 1-1　改革开放以来我国城镇化率以及变化

1978～1984 年，城镇化起步调整阶段。中国改革首先从农村开始，农村经济体制改革推动了城镇化的发展，以家庭联产承包责任制为代表的农村经济体制改革有力地调动了农民的生产积极性，促进了农村经济的繁荣发展，出现了"先进城后城建"的现象。一是大约 2000 万上山下乡的知青和干部返城并就业；二是放开城乡集贸市场后，出现了大量的城镇暂住人口；三是乡镇企业异军突起带动了小城镇的发展，1984 年全国乡镇企业实现产值 1245.4 亿元，占全国工业总产值的 16.3%，吸收非农产业的就业人数达 5208 万人，占全国非农产业就业比重的 30.1%；四是国家提高了城镇维护和建设费，拨专款用于城镇住房补贴，结束了城镇建设多年徘徊的局面。这一时期城镇化率由 1978 年的 17.92% 上升到 1984 年的 23.01%，年均提高 0.78 个百分点。

1985～1995 年，城镇化缓慢增长阶段。这一时期工业化对城镇化的推动作用比较明显。党的十二届三中全会通过《中共中央关于经济体制改革的决定》，标志着国家将经济体制改革的重点转向了城市。在国内市场需求拉动和外向型经济发展模式支持下，劳动密集型的轻工业迅速发展，带动了工业就业人口迅速增长，沿海地区出现了大量由新兴小城镇组成的"工业化地区"。随着对外开放不断扩大和深入，农村的剩余劳动力不断向城市转移。继1980年首批4个经济特区后，1984年开放了14个沿海港口城市，1985年将长三角、珠三角、厦漳泉划为经济开放区，1988年将海南全省批准为经济特区，1990年又开发了浦东新区。但是，这一时期的工业化是在城乡二元经济背景下推进，农村工业发展主要采取"离土不离乡"的模式，因此，城镇化的增速明显低于工业化推进速度。到1995年，城镇化率上升至29.04%，年均仅提高0.55个百分点，为中国改革开放以来城镇化发展最慢的阶段。

1996～2003年，城镇化加速发展阶段。这一时期工业结构升级特点比较明显，工业化推进速度加快，工业化与城镇化的联系更加紧密。1996年7月1日，新常住人口登记表和居民户口簿正式启用。新的户口簿将"户别"的填写重新规范为"家庭户"和"集体户"，取消了"农业"和"非农业"两个户口类型。农村人口向城镇的转移数量增大，城乡之间的流动人口增加，保护农村外出务工人员的政策不断完善，城镇基础设施建设力度加大。1997年暴发的亚洲金融危机，推动国家实施新的城镇化战略，将城镇化作为拉动内需、缓解有效需求不足的重要途径。这些都有力地推动了城镇化进程，到2003年，城镇化率达到40.53%。1996～2003年，城镇化率的提高在1.43和1.44个百分点之间波动，保持高速稳定的增长态势。

2004～2011年，城镇化调整转型阶段。这一时期是国家经济社会发展的转折时期，也标志着中国特色的城镇化道路思想的初步形成。2004年，党的十六届四中全会明确提出把"提高构建社会主义和谐社会的能力"作为党执政能力的一个重要方面，这在我们党的历史上还是第一次；2006年，中央提出建设社会主义新农村的政策措施，明确提出实行"工业反哺农业、城市支持乡村"的政策；针对区域差距过大的不利局面，国家对区域发展战略进行了重大调整，继"西部大开发战略"之后，又分别实施了"振兴东北老工业基地"和"中部崛起"战略，力求实现东、中、西部的协调发展。到2011年，城镇化率达到51.27%，城镇人口达到6.9亿，首次超过农村人口，实现城镇化进程的历史性突破。

2012年至今，新型城镇化发展阶段。国家发展仍处于重要战略机遇期，逐渐进入经济社会发展"新常态"，这一时期城镇化的核心为着力提高城镇化质量。2012年12月中央经济工作会议召开，会议提出了2013年经济工作的六项主要任务。其中一项重要任务就是积极稳妥推进新型城镇，着力提高城镇化质量。这是新型城镇化概念首次出现于官方正式文件中。会议公报中明确指出了新型城镇化的内涵："积极稳妥推进城镇化，着力提高城镇化质量。城镇化是我国现代化建设的历史任务，也是扩大内需的最大潜力所在，要围绕提高城镇化质量，因势利导、趋利避害，积极引导城镇化健康发展。要构建科学合理的城市格局，大中小城市和小城镇、城市群要科学布局，与区域经济发展和产业布局紧密衔接，与资源环境承载能力相适应。要把有序推进农业转移人口市民化作为重要任务抓实抓好。要把生态文明理念和原则全面融入城镇化全过程，走集约、智能、绿色、低碳的新型城镇化道路。"在这一时期，城镇化的增长速度逐渐放缓，更加强调城镇化质量的提升，截至2015年，城镇化率达到56.1%，4年间城镇化率年均增长1.21个百分点。

（二）现阶段我国城镇化的基本特征

改革开放以来，我国经历了世界历史上规模最大、速度最快的城镇化进程，取得了举世瞩目的成就，城镇化为城乡居民共享经济社会发展成果提供了巨大平台。但是，随着经济发展进入新常态，城镇化面临新的形势、新的挑战、新的困难、新的机遇。

从外部看，全球供给结构和需求结构发生深刻变化，国际市场竞争更加激烈，我国面临产业转型升级和消化严重过剩产能的严峻挑战，传统高投入、高消耗、高排放以工业化为依托的城镇化发展模式不可持续。

从内部看，随着经济社会的快速发展，缩小城乡差距、让全民共享发展成果、全面建成小康社会的要求越来越迫切。与此同时，经济增长换挡降速，转型发展刻不容缓。随着劳动年龄人口达到峰值和人口老龄化程度提高，不能继续依靠劳动力廉价供给推动城镇化快速发展；随着资源环境瓶颈制约日益加剧，不能继续依靠土地等资源粗放消耗推动城镇化快速发展；随着户籍人口与外来人口对公共服务均等化要求的不断提升，不能依靠非均等化基本公共服务压低成本推动城镇化快速发展。

新型城镇化首先"新"在以人为核心，"新"在人的城镇化。过去，快速发展的城镇化忽视了以人为核心这一出发点，忽视了努力推动城乡基本公共服务均等化的迫切要求，带来一些问题。

专栏1-1

中国全面部署深入推进新型城镇化建设

国务院2016年2月印发《关于深入推进新型城镇化建设的若干意见》（以下简称《意见》），全面部署深入推进新型城镇化建设。《意见》提出了九个方面36条具体措施。

一是积极推进农业转移人口市民化，加快落实户籍制度改革政策，鼓励各地区进一步放宽落户条件；全面实行居住证制度，推进居住证制度覆盖全部未落户城镇常住人口；推进城镇基本公共服务常住人口全覆盖；加快建立农业转移人口市民化激励机制。

二是全面提升城市功能，加快城镇棚户区、城中村和危房改造，加快城市综合交通网络建设，实施城市地下管网改造工程，推进海绵城市建设，推动绿色城市、智慧城市等新型城市建设，提升城市公共服务水平。

三是加快培育中小城市和特色小城镇，提升县城和重点镇基础设施水平，加快拓展特大镇功能，加快特色镇发展，培育发展一批中小城市，加快城市群建设。

四是辐射带动新农村建设，推动基础设施和公共服务向农村延伸，带动农村一二三产业融合发展，带动农村电子商务发展，推进易地扶贫搬迁与新型城镇化结合。

五是完善土地利用机制，规范推进城乡建设用地增减挂钩，建立城镇低效用地再开发激励机制，因地制宜推进低丘缓坡地开发，完善土地经营权和宅基地使用权流转机制。

六是创新投融资机制，深化政府和社会资本合作，加大政府投入力度，强化金融支持，多渠道保障城镇化资金需求。

七是完善城镇住房制度，建立购租并举的城镇住房制度，完善城镇住房保障体系，加快发展专业化住房租赁市场，健全房地产市场调控机制。

八是加快推进新型城镇化综合试点，深化试点内容，扩大试点范围，加大试点支持力度，鼓励试点地区发挥首创精神，尽快实现重点突破。

九是健全新型城镇化工作推进机制，强化政策协调，加强监督检查，强化宣传引导，推动新型城镇化取得更大成效。

资料来源：《国务院关于印发全国资源型城市可持续发展规划（2013—2020 年）的通知》（国发〔2013〕45 号）

（三）当前我国城镇化面临的主要问题

我国城镇化已经取得了举世瞩目的成就，然而在发展过程中难免存在一些问题，其中一些问题影响较为严重，制约了我国城镇化进程的健康发展。

1. 区域发展不协调

我国东部、中部、西部区域城镇化的发展水平存在着不平衡性。中西部地区城镇化发展比较滞后，城镇化水平相较于东部地区还明显偏低，东中西区域之间的发展差距不断拉大。城镇的空间布局与规模结构以及城市的环境资源承载能力不协调，占半数以上的城市存在缺水情况。对此，国家采取了一系列措施，包括南水北调、西气东输等工程，实际是针对现在城市经济、人口、资源环境不相适应、不相匹配的情况，实现能源和资源大规模、长距离调运。

2. 城镇规模和层级发展不协调

从我国城镇化发育形态看，不同规模和层级的城市发展不协调。多数的城市群，如环渤海、长三角、珠三角等三大城市群的经济实力虽然比较强，但与全国发展突出的城市相比，这些城市群里面的大多数中小城市的城市吸纳人口能力还不足，尚处于城镇化发展的初级阶段，还有很大的发展潜力。截至 2014 年，我国有 1000 万人口的城市 6 个、500 万～1000 万人口的城市

10 个、300 万～500 万人口城市 21 个、100 万～300 万人口城市 103 个，然而这些城市普遍面临较为严重的"城市病"问题的干扰，并且众多的建制镇和集镇规模太小，发展动力不足；中等规模的城镇数量缺乏，人口从农村向城市转移缺乏必要的过渡环节，城镇规模和层级发展表现出非协调性。

3. 城镇化和工业化发展的不协调

我国城镇化发展历经"城镇化滞后于工业化时期—加速城镇化发展时期—城镇化与工业化相协调时期—城镇化发展减慢时期—城镇化再次滞后工业化时期"。通过查询国家统计网站的相关数据，可以看到，中国 2011 年城镇化率与工业化率的比值为 1.09，而同期的世界平均水平是 1.95，这说明我国城镇化严重滞后于工业化，城镇化发展过程中需要的产业配套不足导致人口集聚功能较差。一些地方盲目发展工业，为了迎合城镇化发展的需求，对所引进的项目没有进行仔细科学的分析，没有严格把关，导致产品质量下降，能源消耗过高，环境污染严重。城镇化、工业化和服务业的发展没有相互促进并且尚未实现共同发展进步，服务业发展严重滞后导致人口城镇化进展缓慢，这些又导致产业的需求拉力不强。目前，我国服务业增加值比重只有 43%，就业比重只有 36%，发达国家服务业产值和就业比重大多在 70%～80% 甚至以上，服务业的发展潜力及对城镇化的支撑作用亟待挖掘。特别是对特大城市和大城市发展来说，面临的需求越来越多且多种多样，要提高它们的综合竞争力，就急需大力发展多层次的服务业。

4. 城乡发展的不协调

城乡发展的不协调，主要体现在基础设施、城乡居民收入以及公共服务水平三个方面。城乡基础设施建设发展上不平衡，农村的公共基础设施落后，公共事业发展滞后，居民生产生活条件差等。在管理和维护上，城市有完备的管理体系，有专门单位进行维护管理，而农村则没有。城市居民收入增长速度快于农村居民，农村居民收入水平低，收入增长速度缓慢。从国家统计局统计的数据可以看出，1978 年城乡居民收入比为 2.57：1，2013 年为 3.03：1，现在城乡居民收入之比较改革开放初期差距扩大。城乡公共服务水平不平衡，主要包括教育资源、城乡居民的医疗保障和卫生服务及社会保障体系等方面。

二、新型城镇化的内涵、特征与要求

（一）新型城镇化的基本内涵

新型城镇化是对西方城镇化和传统城镇化的超越，也是对自身城镇化实践的逐步完善。新型城镇化坚持以人为本，以新型工业化为动力，以统筹兼顾为原则，推动城市现代化、城市集群化、城市生态化、农村城镇化，重在全面提升城镇化质量和水平，走的是一条科学发展、集约高效、功能完善、环境友好、社会和谐、个性鲜明、城乡一体、大中小城市和小城镇协调发展的城镇化建设路子。

传统城镇化与新型城镇化的区别见表1-1，从概念上讲传统城市化是以城市为核心、以增长为导向的劳动力非农化的过程，而新型城市化是指以人为本，以人口的空间流动和社会流动为主线，城乡一体化发展的过程。

表1-1　新型城镇化与传统城镇化比较

项目	传统城镇化	新型城镇化
目标	强调的是城市的发展和社会的发展，在一定程度上忽略了社会、文化等其他方面的发展需要	经济、社会、环境和文化全面转变的城乡一体化的发展，强调综合发展和转变
内容	土地城镇化，追求城镇化的数量发展	以人为核心，追求城镇化的质量转变
动力	以外向型的工业化的带动城镇化发展	城市化、工业化、信息化、农业现代化的"四化"互动
手段	政府主导的城镇化，产生了以环境污染、交通拥堵等为代表的城市病	市场主导的城镇化，强调环境承载力、社会和谐，以及城市经济的转型

传统城市化道路和新型城市化道路的本质区别在于：

在城市化理念上，前者以追求发展的"量"为本，后者以人为本，注重人与人的和谐和与自然的共生；在城市化目的上，前者注重GDP增长和财富增长，后者注重人的幸福和全面发展，城市竞争力和城市功能的提升；在城市化核心内容上，前者注重人口由农村向城市的空间转移，后者注重双向城市化，特别是城乡文明的互动成长和现代化；在城市化方式上，前者是粗放、外延式，注重城市规模扩张，后者是集约、内涵式，注重城市质量提升；在基本动力上，前者以工业化为主要动力，后者以战略性主导产业特别是后工业文明高端产业驱动；在城市空间上，前者是摊大饼式无序蔓延，注重产业功能空间扩张，忽视生活功能空间配套和完善，后者是科学布局，空间紧凑组团化，更加强调居住和生活空间的营造和完善；在城市建设管理上，前者是贪大求多，资源大量消耗，环境恶化，千城一面，缺乏特色，重建设轻管理服务，后者是环境友好，优美宜居，文化厚重，生活舒适方便，充满人文气息，基本公共服务有保障，注重城市管理服务；在城乡关系上，前者是城乡对立，二元分割，城市繁荣，乡村凋敝，外来人口的半城镇化，后者是统筹城乡，城乡共赢，公共服务均等，共同富裕，外来人口融合、市民化；在区域关系上，前者是单兵作战，各自为政，恶性竞争，后者是区域合作，协同发展。新型城市化，必须以人为本，突出人的全面发展这一核心，走民生导向型城市化道路。从人的需求、人的尺度、人的视角出发，坚持城市发展为了人民、城市发展依靠人民、城市发展的成果由人民共享，更加注重改善民生，更加注重生态环境建设，更加注重人文关怀，更加注重共同富裕，建设人民群众共享的美好家园。

（二）新型城镇化的基本特征

1. 以人为本

2013年3月17日，李克强总理答中外记者问时曾提出，"我们强调的新型城镇化，是以人为核心的城镇化"。"新型城镇化要全面放开小城镇和小城市落户限制，有序放开中等城市落户限制，逐步放宽大城市落户条件，合理设定特大城市落户条件，逐步把符合条件的农业转移人口转为城镇居民。同时，加快推进城市基本公共服务均等化进程，努力实现农村转移人口在教育、就业、社保、基本医疗服务、保障性住房等方面覆盖城镇常住人口。"

以人为本是新型城镇化推进与建设的出发点、立足点和落脚点。要求从城市物质形态扩张等"物"的需求转向满足人的需求，促进人的全面发展等"人"的改变。新型城镇化以人为本的特征要求城镇化发展必须集聚一定规模的人口，促进人口向城市的合理集聚，改变现今社会阻碍人口城镇化推进的一系列不合理因素，打破城乡二元体制，促进人口向乡村以及城市双向之间的合理自由流动。促进外来务工人员的市民化，增强外来务工人员对城市的认同感、责任感以及集体感，加快本地城市失地农民就地就业乃至创业的市民化的过程。新型城镇化以人为本的特征还要求城镇化发展必须是全面保障的过程，城市健康的运行离不开城市基础设施以及市政设施等，新型城镇化推进的过程也是城市设施不断完善的过程。

2. 四化同步

"四化同步"的本质是"四化"互动，是一个整体系统。就"四化"的关系来讲，工业化创造供给，城镇化创造需求，工业化、城镇化带动和装备农业现代化，农业现代化为工业化、城镇化提供支撑和保障，而信息化推进其他"三化"。因此，促进"四化"在互动中实现同步，在互动中实现协调，才能实现社会生产力的跨越式发展。

工业化、信息化、城镇化、农业现代化从本质上来说是相互关联、不可分割的整体，是社会主义现代化建设过程中的主体内容。信息化和工业化深度融合既是提高经济效率的必由之路，也是提高工业经济和企业核心竞争力的重要手段。信息化必将为工业化插上腾飞的翅膀，工业化是信息化的坚实基础。工业化和城镇化良性互动是现代经济社会发展的显著特征。工业化是城镇化的经济支撑，城镇化是工业化的空间依托，推动工业化与城镇化良性互动，既为工业化创造了条件，也是城镇化发展的内在规律。

在新常态下，我国正处于"四化"深入推进阶段。新"四化"的同步发展既是我国社会主义现代化建设的战略任务，也是经济发展方式转变以及加快形成新的经济发展方式的核心体现，是促进我国经济持续、健康、稳定发展的主要动力。目前，我国已进入工业化中后期，只有工业化和城镇化相互促进，协调发展，才能不断推动社会主义现代化进程。城镇化和农业现代化需要相互协调。城镇化与农业现代化都是农村、农业发展的路径和手段，相互依托，相互促进。仅仅依靠城镇化，忽视农业现代化，很难从根本上改变农村的落后面貌，而且容易导致农业萎缩，以及引发诸如"城市病"等系列城市发展问题。

3. 优化布局

中央城镇化工作会议上指出，推进新型城镇化进程的一项重要任务是优化城镇化布局和形态。推进城镇化，既要优化宏观布局，也要搞好城市微观空间治理。全国主体功能区规划对城镇化总体布局做了安排，提出了"两横三纵"的城市化战略格局，要一张蓝图干到底。我国已经形成京津冀、长三角、珠三角三大城市群，同时要在中西部和东北有条件的地区，依靠市场力量和国家规划引导，逐步发展形成若干城市群，成为带动中西部和东北地区发展的重要增长极，推动国土空间均衡开发。全国主体功能区规划对城镇化总体布局做了安排，提出了"两横三纵"的城市化战略格局。科学设置开发强度，尽快把每个城市特别是特大城市开发边界划定，把城市放在大自然中，把绿水青山保留给城市居民。

强调优化布局，就是要以城市群为主体形态，促进大中小城市和小城镇协调发展。中小城市和小城镇在工业化、城镇化进程中，有着独特作用，担负着促进产业发展、吸纳农村劳动力、促进城乡协调的重任，因此在空间布局上，应当加快发展中心城市，有重点地发展特色小城镇，形成新型的城镇化战略格局。

4. 生态文明

新型城镇化必须建立在生态学原理基础之上，追求人地关系之间的和谐共进，注重人类经济社会活动与生态环境协调发展的过程，在自然基础上的人类自选择活动，落实在地表形态上最终形成人与自然互惠互促的人居环境形态。同时，更加重视发展城镇化同消费环境资源之间的协调性，其终极目标是形成人与自然和谐共生。在城镇化进程中，以城镇化建设与人口、资源、环境、文化、产业、社会和谐的统筹兼顾为立足点，以建设文明生态为宗旨，以城镇人文生态环境优化、产业结构转型为动力，以循环、和谐、绿色、宜居为目标，全面建设环境绿色、经济健康、社会和谐、人文特色、低碳消费的生态化城镇，谋求新型城镇人文环境、经济社会的健康、和谐、可持续发展。

生态文明作为构建社会主义和谐社会的内在要求、全面建成小康社会新的目标要求、中国特色社会主义建设五大布局之一，体现了坚持和发展中国特色社会主义的价值属性和取向，其基本宗旨和最终目标是实现人与自然、人与人、人与社会的和谐共生、良性循环、全面发展和持续繁荣，即要求把生态文明建设融入人的发展的方方面面，贯穿于经济建设、政治建设、文化建设和社会建设的全过程。把生态文明理念全面融入新型城镇化进程，就是要以生态文明思维指导城镇化建设，用生态文明为高质量、可持续的城镇化提供动力和保障，促进城镇化与生态文明建设交互促进、协同发展，避免重蹈传统城镇化覆辙，进而不断改善民生，提升人民幸福指数，促进人的全面发展，实现社会公平正义。

5. 文化传承

城市发展是一个自然积累的过程，是各方面逐步演化的综合成果。一个城市的风貌不仅体现在高楼大厦、钢筋水泥的外部形态上，更体现在历史积淀和文化血脉的精神内核上。新型城镇化要做到"以人为本、优化布局、生态文明"，必须格外重视传承文化。近年来，我国城镇化进程中"去历史、去文化"现象突出，主要原因就在于一些城市管理者对城市发展规律的认识不到位，对文化传承的重要性认识不充分。一提到城市建设，想到的就是铺路修桥、大拆大建，就是洋地名、洋建筑，盲目追求物质层面的建设，将文化记忆的延续抛之脑后。许多城市建设千城一面、万楼一貌，沦为外国设计师和简单复古者的试验场，人情味缺失、吸引力缺失。如此作为万不可取，经验教训应当谨记。

新型城镇化的就是要由过去片面注重追求城市规模扩大、空间扩张，改变为以提升城市的文化、公共服务等内涵为中心，真正使城镇成为具有较高品质的适宜人居之所。知识经济时代，文化与城镇化的关系，应当是一种双向互动、相得益彰的局面，是一种双螺旋上升发展的态势。新型城镇化建设要让文化与城镇化互为支撑：一方面，文化的发展要在城镇化中得到彰显；另一方面，城镇化的推进要在文化经济中得到体现。新型城镇化必须把文化传承与创新贯穿其始终。在新型城镇化的发展中,必须加强文化素养的提升和文化理念的融入,要以文化建设为核心,把提升城镇文化品位作为重要任务,用人文理念引领城镇建设,以文化繁荣推动城镇化进程,做好传承、发展城镇文明这篇大文章,高质量地推进新型城镇化发展。

(三) 新型城镇化的基本要求

全面贯彻党的十八大和十八届二中、三中、四中、五中全会以及中央经济工作会议、中央城镇化工作会议、中央城市工作会议、中央扶贫开发工作会议、中央农村工作会议精神,按照"五位一体"总体布局和"四个全面"战略布局,牢固树立创新、协调、绿色、开放、共享的发展理念,坚持走以人为本、四化同步、优化布局、生态文明、文化传承的中国特色新型城镇化道路,以人的城镇化为核心,以提高质量为关键,以体制机制改革为动力,紧紧围绕新型城镇化目标任务,加快推进户籍制度改革,提升城市综合承载能力,制定和完善土地、财政、投融资等配套政策,充分释放新型城镇化蕴藏的巨大内需潜力,为经济持续健康发展提供持久强劲动力。

坚持点面结合、统筹推进。统筹规划、总体布局,促进大中小城市和小城镇协调发展,着力解决好"三个1亿人"城镇化问题,全面提高城镇化质量。充分发挥国家新型城镇化综合试点作用,及时总结提炼可复制经验,带动全国新型城镇化体制机制创新。

坚持纵横联动、协同推进。加强部门间政策制定和实施的协调配合,推动户籍、土地、财政、住房等相关政策和改革举措形成合力。加强部门与地方政策联动,推动地方加快出台一批配套政策,确保改革举措和政策落地生根。

坚持补齐短板、重点突破。加快实施"一融双新"工程,以促进农民工融入城镇为核心,以加快新生中小城市培育发展和新型城市建设为重点,瞄准短板,加快突破,优化政策组合,弥补供需缺口,促进新型城镇化健康有序发展。

三、"五大发展理念"助推新型城镇化

2016 年 2 月，习近平总书记在深入推进新型城镇化建设电视电话会议上，对深入推进新型城镇化建设作出重要指示强调，城镇化是现代化的必由之路。党的十八大以来，党中央就深入推进新型城镇化建设作出了一系列重大决策部署。下一步，关键是要凝心聚力抓落实，蹄疾步稳往前走。2016 年是"十三五"开局之年，新型城镇化建设一定要站在新起点、取得新进展。要坚持以创新、协调、绿色、开放、共享的发展理念为引领，以人的城镇化为核心，更加注重提高户籍人口城镇化率，更加注重城乡基本公共服务均等化，更加注重环境宜居和历史文脉传承，更加注重提升人民群众获得感和幸福感。要遵循科学规律，加强顶层设计，统筹推进相关配套改革，鼓励各地因地制宜、突出特色、大胆创新，积极引导社会资本参与，促进中国特色新型城镇化持续健康发展。

国务院总理李克强作出批示指出，城镇化是现代化的必由之路，是我国最大的内需潜力和发展动能所在。各地区、各部门要牢固树立五大发展理念，按照统筹城乡发展的要求，围绕稳增长、调结构、惠民生，紧紧抓住人的城镇化这个核心和提高质量这个关键，用改革的办法和创新的精神，全面推进新型城镇化建设，着力推动农业转移人口市民化，着力增加适应居民需求的公共产品和公共服务供给，着力构建与农业现代化相辅相成、相互促进的体制机制，惠及更多城乡群众，为促进经济中高速增长、迈向中高端水平注入强劲动力。

（一）创新发展是新型城镇化的关键动力

"创新是一个民族进步的灵魂，是一个国家兴旺发达的不竭动力，也是中华民族最鲜明的民族禀赋。"党的十八大以来，习近平总书记从决定民族前途命运的高度反复强调创新的极端重要性。"抓创新就是抓发展，谋创新就是谋未来。不创新就要落后，创新慢了也要落后。"创新，不仅成为当代中国的高频词，而且内涵越加深厚，外延越加宽广。

创新是引领发展的第一动力。城镇化正如硬币的两面，既创造需求又创造供给。但是，由于创新没有到位，制约城镇化健康发展的难点问题很多。从世界范围看，大国经济发展必须保持需求与供给的协调统一。在过去较长时间，我国很大程度依靠外需拉动，但近些年来传统的出口导向型经济增长模式已难以为继。我国经济能否避免像有的国家那样陷入低速增长，甚至出现停滞或衰退，很大程度上需要依靠内生增长的有力支撑。城镇化既能扩大消费需求，也能扩大投资需求。从长远看，我国还有大量农民没有城镇化，这是我国发展的突出难题，但也正是我国发展空间和潜力所在。从当前看，我国内需没有得到应有的扩大，根源于城镇化发展滞后。为什么城镇化滞后？在供给侧也存在很大的问题，一系列推进城镇化的方针战略，与之配套的具有指导性的规划体系和有效的实施机制还没有完全形成。一些地方随意调整规划，在规划实施中各自为政。关键领域和重要环节，如户籍制度、土地制度、就业制度、财税制度、投融资制度、社会保障制度等方面改革滞后，经济政策和社会政策创新不足，重大的理论研究和公共政策落后于实践，制约了公共资源在城乡的优化配置和生产要素在城乡之间的合理流动，影响了城镇化的健康有序发展。加大供给侧结构性改革，对于城镇化建设意义深远。

（二）协调发展是新型城镇化的内在要求

"坚持协调发展，必须牢牢把握中国特色社会主义事业总体布局，正确处理发展中的重大关系，重点促进城乡区域协调发展，促进经济社会协调发展，促进新型工业化、信息化、城镇化、农业现代化同步发展，在增强国家硬实力的同时注重提升国家软实力，不断增强发展整体性。"党的十八届五中全会聚焦全面建成小康社会目标，提出协调发展理念，旨在补齐发展短板，解决发展不平衡问题，体现了目标导向和问题导向的统一，是立足长远、谋划全局的战略考量，具有重大理论意义和实践指导作用。

坚持协调发展，让城镇化成为推动区域和城乡发展的关键抓手。城镇化是人口和经济在区域空间合理集聚的过程。目前我国城镇化建设存在着不协调因素。从区域发展不协调来看，一个重要表现就在于中西部地区城镇化水平相对滞后。从城乡发展不协调来看，一些地方缺乏城乡统一规划，城乡发展"一头重、一头轻"，工业反哺农业，城市支持农村，难以落地。有的地方甚至出现农民"被上楼"现象。从城市内部发展不协调来看，城市建设"重面子轻里子"、"重地上轻地下"、"重硬件轻软件"、"重短期轻长期"等问题突出。坚持协调发展，要落实中央城市工作会议精神，统筹空间、规模、产业三大结构，统筹规划、建设、管理三大环节，统筹改革、科技、文化三大动力，统筹生产、生活、生态三大布局，统筹政府、社会、市民三大主体，优化城镇空间布局，引导劳动力等生产要素在区域间和城乡间合理流动，使人口分布与经济布局更加协调，缩小区域、城乡以及城市内部的差距。

（三）绿色发展是新型城镇化的重要保障

"坚持绿色发展，必须坚持节约资源和保护环境的基本国策，坚持可持续发展，坚定走生产发展、生活富裕、生态良好的文明发展道路，加快建设资源节约型、环境友好型社会，形成人与自然和谐发展现代化建设新格局，推进美丽中国建设，为全球生态安全作出新贡献。"党的十八届五中全会从"五位一体"的整体布局出发，把绿色发展理念摆在突出位置，具有鲜明的时代特色和针对性，对纠正"唯GDP"式粗放型发展具有重大作用。

坚持绿色发展，是城镇化推动资源节约和环境友好的重要途径。城镇化从本质上讲也是一个提高经济效率、减少资源消耗和污染排放的过程。我国城镇化建设面临的一个最大瓶颈是资源和环境制约，一些城市发展超出了资源环境承载能力，人口、土地、资源、环境的矛盾日益突出。世界城镇化规律表明，城镇化过程存在着生态效应。当一个国家经济发展水平较低的时候，环境污染的程度较轻，但是随着人均收入的增加，环境污染由低趋高，环境恶化程度随经济的增长而加剧；当经济发展达到一定水平后，到达某个临界点或称"拐点"以后，随着人均收入的进一步增加，环境污染又由高趋低，其环境污染的程度逐渐减缓，环境质量逐渐得到改善。坚持绿色发展，能够提高能源、原材料使用效率，有利于生态环境保护，把美丽中国真正铺到大地上。当前我国总体上正处在城镇化发展中期阶段，客观上已进入污染排放应当下降的时期。我们要下更大的决心坚持绿色发展，加强节能减排工作，加大生态环境保护力度，建设生态城市、田园城市、海绵城市，推进"两型社会"健康发展。

（四）开放发展是新型城镇化的必然选择

"坚持开放发展，必须顺应我国经济深度融入世界经济的趋势，奉行互利共赢的开放战略，发展更高层次的开放型经济，积极参与全球经济治理和公共产品供给，提高我国在全球经济治理中的制度性话语权，构建广泛的利益共同体。"党的十八届五中全会从全球视野思考中国发展问题，提出开放发展理念，既向世界表明了"中国开放的大门永远不会关上"的立场，也揭示了"中国经济的命运与世界的命运息息相关"的内在共赢逻辑。

坚持开放发展，是城镇化顺应全球化发展参与国际竞争的时代要求。我国已经成为全球性的经济大国，正向经济强国迈进，要高度重视城镇化对于全面提升我国国际竞争力的重要作用。当前，国际竞争一个显著特点是城市间竞争越来越激烈，一个大国没有几个居于全球产业分工高端的城市，没有在全球化发展中具有综合竞争力的城市群，这个国家就很难形成强大的竞争力。根据近年来世界银行《世界城市化发展展望报告》等分析，未来城市人口将越来越集中在大城市和城市群。据统计，我国环渤海、长三角、珠三角占国土面积不足4%，人口比重却达到18%，创造了40%的GDP，这三大城市群在很大程度上代表了我国的国际竞争力水平。我国推进城镇化，就要顺应全球化发展需要，适应以大城市和城市群参与全球资源配置和市场竞争的发展趋势，统筹利用国际国内两种资源、两个市场，培育像纽约、伦敦、巴黎、东京那样的大城市和城市群，不断壮大我国整体的竞争实力，在现有的国际分工和全球化竞争格局中赢得主动。

（五）共享发展是新型城镇化的基本目标

"坚持共享发展，必须坚持发展为了人民、发展依靠人民、发展成果由人民共享，作出更有效的制度安排，使全体人民在共建共享发展中有更多获得感，增强发展动力，增进人民团结，朝着共同富裕方向稳步前进。"党的十八届五中全会关于"共享发展"的部署安排，无论在宏观还是微观层面，每一项安排都与广大人民群众特别是困难群众息息相关，不仅回应了全社会关切，更体现了制度安排的延续性、科学性、优越性。

坚持共享发展，是城镇化健康发展的必由之路。世界城镇化经验表明，能否让城乡人民共享发展成果是城镇化健康发展的关键。一些发展中国家没有处理好这些关系，导致了农业衰败和凋敝，城市出现严重"贫民窟"现象。这些年来，许多从农村升学、参军、经商、务工进入城镇的人口，在城镇有稳定工作，持续缴纳社保和税费，购买了住房并在城市生活，却被小小的户口本挡在了公共服务之外。坚持走共享的城镇化道路，就要在城镇化建设中牢固树立改善民生的质量意识，把重大民生工程摆在优先序列，全面推进就业、医疗卫生、社会保障、教育、文化等领域的改善民生行动计划，逐步扩大基本民生保障的覆盖面，推进基本公共服务均等化。要提高不同规模和类型城镇的综合承载能力，加强公共交通、水电热气供应等市政基础设施和公共服务设施建设，推动智慧城镇建设，完善城镇应急管理和治安防控体系，提高城镇综合管理水平。要重点改进和完善保障性安居工程，加快廉租房、棚户区改造等住房建设管理，解决好低收入群众住房困难问题。要不断缩小收入差距，度过反映收入差距与经济发展关系变化的"库兹涅茨拐点"，跨越人们普遍关注的"中等收入陷阱"。

第二章 创新发展：新型城镇化的核心动力

习近平总书记在党的十八届五中全会上说："理念是行动的先导，一定的发展实践都是由一定的发展理念来引领的。发展理念是否对头，从根本上决定着发展成效乃至成败。"党的十八届五中全会提出："必须把创新摆在国家发展全局的核心位置，不断推进理论创新、制度创新、科技创新、文化创新等各方面创新。同时，在社会治理、政府治理、市场治理等方面也需要创新。创新，是全方位、各领域、全覆盖的全面创新。让创新贯穿党和国家一切工作，让创新在全社会蔚然成风。"因此，从整体上讲，五个理念中处于首要位置的是"创新发展"，可以看出创新发展的重要性。

改革开放30多年来，我国经济迅速发展，经济总量已居世界第二位，但长期形成的结构性矛盾和粗放型增长方式尚未得到根本改变，工业化、城镇化快速发展同能源、资源、生态环境的矛盾日渐突出，影响科学技术发展的体制机制障碍依然存在。不可否认，我国自主创新能力还不强，许多关键技术、核心技术依然受制于人，先导性战略高技术领域科技力量更是薄弱。要适应和引领我国经济发展新常态，关键是深入实施创新驱动发展战略，依靠科技创新转换发展动力。

2016年5月，中共中央、国务院印发了《国家创新驱动发展战略纲要》，指出我国创新驱动的近期战略目标，到2020年进入创新型国家行列，基本建成中国特色国家创新体系，有力支撑全面建成小康社会目标的实现。

城市是科技进步的中心，是社会先进生产力发展中心，也是国家创新体系的主要载体，通过创新驱动推动城镇化的发展，是实现创新驱动发展目标的主要途径。

一、创新发展的概念内涵

(一) 创新的理论内涵

约瑟夫·熊彼特（1912 年）将创新首次引入经济学概念，从经济增长的视角，阐明了创新与经济发展的关系，指出创新的本质是"创造性破坏"。经过经济学家的不断研究和丰富，根据不同的对象，创新理论逐渐演变成为两个方面：一是以科技进步为主导，技术变革和推广为主要内容，侧重于产品、工艺的技术创新；二是以管理的提升为主导，关注制度的变革和形成的制度创新。

1. 技术创新理论

20 世纪 50 年代以后，科技高速发展，西方资本主义经济的发展迅速，传统的理论已经不能很好地解释国家经济快速发展，经济学家开始关注技术要素对经济的促进作用，自此奠定了技术创新的理论基础。开始有关技术创新理论的研究并不统一，逐渐形成了较为典型的两个流派，分别为新古典学派和新熊彼特学派。新古典学派认为：技术作为经济增长的内生变量，存在着外部性，强调政府干预会正向促进技术创新的发展。索洛（Solow，1957）在《技术进步与总量生产函数》这一文章中，通过实证的方法论证了技术对经济的显著促进作用。新熊彼特学派关注的重点是技术，强调其对经济发展的核心推动作用，注重微观企业层面，以及内部机制的研究。厄特巴克（J. M. Utterback）在 1974 年发表的《产业创新与技术扩散》中认为，"与发明或技术样品相区别，创新就是技术的实际采用或首次应用"。对几十年来在技术创新概念和定义上的多种主要观点和表述，缪尔塞（R. Mueser）在 80 年代中期做了较系统的整理分析。将技术创新重新定义为：技术创新是以其构思新颖性和成功实现为特征的有意义的非连续性事件。这一定义突出了技术创新在两方面的特殊涵义：一是活动的非常规性，包括新颖性和非连续性；二是活动必须获得最终的成功实现。

2. 制度创新

制度创新理论在 20 世纪 30 年代基本形成，凡勃伦（Thorstein B. Veblen）、康芒斯（John R. Commons）在和米契尔（Wesley C. Mitchell）等经济学家最先将经济发展与制度联系起来，把制度引入经济分析中，逐渐创建了制度学派。从 50 年代至今，是新制度学派的发展黄金时期，以科斯、诺斯等为主要代表，Ronald Coase（1937）在 1960 年的著作《社会成本问题》中，提出了著名的"科斯定理"，指出制度会影响资源配置效率，经济增长源于制度的有效安排，有效的制度可以降低交易费用等功能，标志着新制度学派的形成。诺斯（Douglass C. North）使用新古典经济学的方法对制度进行研究，将制度作为内生变量运用到经济研究中，形成了"制度变迁理论"，指出经济的发展会受到制度因素的制约，发展历程具有路径依赖的特性，在现有制度下，随着技术的发展以及市场规模的扩大，当制度创新带来的预期收益大于成本时，新制度的出现便会成为可能。总体来说，制度创新包括一般的社会规范的选择、创造、新建和优化，包括制度的调整、完善、改革和更替等。在现实社会的发展，国家和社会中政府、个人、社团都在试图降低实施成本和摩擦成本，赢取经济、政治和社会发展的最大利益，因此从宏观上、从微观的行动空间及其权利义务的具体定义上必须制约不同主体的有效行为，缓解社会利益冲突，这就需要借助不断的制度创新来拓展自身的绩效范围。

"创新是引领发展的第一动力"的认识是对熊彼特和诺斯创新理论重要性认识的回归，是对人们依靠投资、投机获得财富预期的重塑。在国际发展竞争日趋激烈和我国经济进入新常态的形势下，必须把发展基点放在创新上，把科学技术是第一生产力、人才是第一资源、创新是第一动力的作用有机联系起来，加快形成以创新为主要引领和支撑的经济体系和发展模式。

（二）科技创新与城镇化进程

1. 科技创新是城镇化进程的主要驱动力

从历史来看，推动城镇化发展的决定性力量是科技创新所引发的科技革命。在第一次工业革命之前，全球城镇人口占比仅为3%。以蒸汽机、电力和计算机技术为主要标志的三次科技与产业革命，催生了现代工业，推动城镇规模迅速扩大。目前，全世界50%以上人口生活在城镇，70%的GDP和85%以上的第三产业增加值都来自城镇，90%以上的高等院校和科研力量也集中在城镇。由于科技进步和工业化进程的飞速发展，城镇化也表现出加速推进的特征。英国城镇化率从26%提高到75%用了100年，而韩国城镇化率从28%提高到75%用了30年。随着以科技创新为基础的新的工业革命启动和深化，将带动各国城镇发展格局发生深刻、丰富而不对称的变化。

2. 科技创新是新型城镇化发展的基本动力

科技创新在城镇化不同阶段的作用存在差异。在城镇化初级阶段，农业在社会经济生活中占主导地位，城镇化过程表现为人口和其他经济要素的自然集聚，科技创新作用较小。在城镇化高级阶段，科技创新成为城镇化发展的主要动力。科技创新在推动城镇产业发展、改善城镇基础设施、提升城镇规划和管理水平方面都具有重要作用。科技创新既是经济社会发展的生产力，也是新型城镇化发展的强大软实力。纵观世界经济社会发展历程，每一次科技革命的到来，都会催生一批以相关产业为依托的新兴城镇。当前，世界各地科技发展迅速，新能源、物联网等新一代信息技术产业正在崛起，必将会带动一批城市的兴起。我国正处在全面建成小康社会的关键时期，加快新型城镇化发展是全社会关注的焦点，未来新型城镇化发展将成为现代化建设进程中的大战略。以科技创新作为产业健康发展的重要保障，通过加快科技成果转化和产业化，促进产业升级和经济结构调整，有效提高工业化和城镇化水平，是推进新型城镇化发展的强大动力。

3. 科技创新能够破解城镇化建设中的难题

城镇化是包括我国在内的发展中国家经济增长的巨大引擎，然而，快速城镇化带来集聚效应的同时也引发空间扩展失控，导致人口拥挤、交通拥堵、环境污染、就业和住房困难，它同时也拉大了城乡差距，造成了严重的社会公平与公正问题，甚至导致"城市病"。解决这些深层次问题，必须依靠科学的力量，科学技术能突破传统的科学技术瓶颈，很好地解决城镇化进程中带来的种种问题。如技术进步增加了土地的供给，缓解了土地的稀缺性，引起了城市地租的下降，使更多的人口、原材料、资本不断地被城市经济吸引到城市，从而提高了可供利用的社会资源的供给，优化了城市空间结构。依靠创新技术，建设各种现代交通设施使城镇的交通堵塞现象得到缓解；采用现代的智能网传输技术，解决传统的供电方式因用户量大增带来的供应不足问题等。目前，国家已有相关部门启动城镇功能提升与空间节约利用、绿色节能与绿色建筑、城镇生态居住环境质量保障等一系列研究项目，为城镇化的健康发展起到了支撑作用，也为如何利用先进科技解决发展难题做出了良好表率。因此，在新型城镇化建设过程中，科技创新必将发挥更大的作用。

(三) 制度创新与城镇化进程

1. 城乡户籍制度

从城镇化的本质来看，城镇化建设的首要目标件就是将农民转变为市民。当前，我国农民工市民化存在较高的门槛，根本原因还是计划经济遗留下的旧的户籍制度，大量进城务工的农业转移人口无法顺利实现身份转变。根据统计，2010 年至 2013 年我国农转非人口总量为 3400 万人，年均 850 万人，2013 年我国农民工总量达到 2.65 亿人，其中外出农民工 1.7 亿人。没有落户农民工不能平等享受城镇教育、医疗、养老、住房等基本公共服务。计划经济时代的户籍制度是基于制造业发展战略基础考虑的，体现了城乡居民博弈的结果，更是政府作为制度的供给者对城镇偏向的体现。通过户籍制度的改革和创新，激活广大农村地区的积极性，推动新型城镇化的进一步发展，是我国城镇化制度创新的一个重要方面。

2. 城镇行政体制

新型城镇化需要城镇布局优化，大中小城镇协调发展，要发挥中小城镇的"拦水坝"功能，鼓励更多的农业居民到中西部城市落户。但是在中国以省、市、县、镇为特点的等级化城镇管理模式，政府在资源的使用和配置上存在很大的不均衡性，表现为财政收入自下而上地上缴和资源分配却是自上而下，各级政府的事权与财权不对等，资源和权利留在大城市和中心城市，出现一线城市、中心城市发展迅速，城市边界不断扩大，出现交通拥挤、环境污染等大"城市病"（缪细英，2011）。而中小城市与小城镇由于难以获得充足的公共资源，公共产品供给能力不足，投资环境差，不能带动相关产业发展与升级，城镇对人口的集聚效应不强。同时，在城市发展的规划上，权属不清，比如经济社会发展总体规划、城市规划、土地利用规划三项规划分别隶属于发改委系统、住建系统、国土系统等管理，互不隶属，因此在制订规划及执行时常出现内容重叠、管理分割、规划打架的情况。

3. 土地流转制度

党的十八届三中全会对农村土地提出了多项改革，其核心思想：一是集约土地使用，保证耕地"红线"，确保粮食安全；二是废除政府垄断建设用地，允许农村集体建设用地与国有土地同地、同权、同价进入市场；三是鼓励多种市场主体参与农村经济的经营，农民的土地承包权可以转让、抵押、入股、租让。其目的是提高农民收入，鼓励更多农民落户城镇，巩固农业地位，发展具有规模的现代化农业，最终城乡一体，互惠互补。但在现行农村土地制度安排下，农民的利益难以保证，从而农民进城转市民的转正成本无法在土地交易中得到补偿。主要问题有两个：一是禁止农村宅基地市场化流转，没有从制度上保证农民更多的财产收益权，从而农村大量闲置的宅基地及房屋不能变现成为农民进城安居落户的资本；二是政府对土地财政的依赖没有从其他领域中得以平衡，农村土地征收补偿较低，同时农民获取政府对农业保护转移性收入较小。

4. 社会保障制度

社会保障是现代化文明的成果，具有互济性、福利性、安全性、调节性功能，本身属于收入分配制度的范畴。因而现行收入分配制度的逆向选择在社会保障方面体现得淋漓尽致。拥有更多资源的高收入阶层享受高福利，大量的农村居民和城市弱势群体受到的保障水平较低，出现了在保障领域的"马太效应"。具体表现为在养老、医疗、教育、就业、住房等"双轨制"。

二、创新发展的现状解析

(一) 我国新型城镇化的创新发展历程

1. 以工业化带动，改革开放为契机，促进传统的创新发展

新中国成立后，虽然在逐步建立起自成体系的现代工业基础上推进着城市化进程，但正由于经济建设是从落后和虚弱的传统农业的基础上起步的，同时又与计划经济传统体制因素相联系，区域经济极端不平衡状态难以改变，城镇化进程长期缓慢甚至停滞不前。自 20 世纪 80 年代开始，以改革开放、市场化为动力，我国城镇化转向快速发展。仅用 30 年左右时间城镇化率提高 33 个百分点，平均每年近 1% 的增长率。截至 2014 年，我国的城镇化率从 17.9% 上升到 54.77%，超过世界平均水平。在这一进程中，伴随着我国经济在成就与矛盾并存的状态下的高速发展，相应地，快速城镇化建设进程，既呈现了亮点纷呈的辉煌成就，又包含着矛盾重要的各类问题攻坚，两者协同演进。从改革开放开始，我国城镇化随同工业化的加速发展，就在起点低的条件下呈现全面快速推进的态势。由此，吸纳了大量农村劳动力转移就业，提高了城乡生产要素配置效率，推动了国民经济持续快速发展，带来了社会结构深刻变革，城乡居民生活水平全面提升。这就更加激励了各地纵深推进城镇化的积极性，还带动了对经济区、城市群开拓性探索的超前起步。

2. 科学发展观指导下，以城乡统筹为核心，城镇化转型创新发展

进入 21 世纪前后，中央全面加强城乡统筹，紧接着，2003 年科学发展

观提出，在此背景下，各地以大中城市为依托，以县域经济为阵地，积极实施"工业反哺农业、城市带动农村"的方针，这是探索突破城乡二元结构，开启城镇化转型走新路的初始阶段。在这个阶段，统筹城乡发展从原先局限于县（市）级行政区划内扩展到以大中城市为依托的较大区域范围；以农村城镇化、城市现代化、城乡一体化为主要内容，通过政策层面上的支持和制度层面上的创新，各地城镇化更是加速推进。特别是东部地区，城镇化推进速度达到了前所未有的速度；长三角、珠三角地区在科学发展观指导下，以区域一体、协调发展为方向，分别探索都市圈的整合建设；东北地区以及中西部其他区域也相继谋划、积极建设以中心城市为依托的不同层次区域经济综合体，在全国呈现全面开花、多极发展的态势。

3. 以五大发展理念为指导，城镇化进程的系统创新阶段

中共十八大召开以来，随着中央决策层大力倡导新型城镇化，我国城镇化及其区域整合进入发展新阶段。除了长三角、珠三角、环渤海湾都市圈外，对上述多极打造城市群、都市圈的其他地区，既需要促进城镇化进程，更需要在城市群、都市圈构建层面上加强统筹协调、科学导向。其突出表现为中央决策层对新型城镇化战略导向与顶层设计的全面加强，全国性区域经济规划连番出台。

2014 年 3 月，《国家新型城镇化规划（2014—2020 年）》发布，全国区域发展战略布局全面展开。一批以中心城市为依托、以城市群为主体形态的不同层次区域经济综合体，相继完善布局，注重有序推进。

2014 年，环渤海地区京津冀城市群开始紧锣密鼓地规划建设，在中央明确提出推动"京津冀协同发展"的战略导向下，上升为重大国家战略。

2015 年全国人大会议上，"京津冀一体化"写入政府工作报告。中央成立了京津冀协同发展领导小组和专家咨询委员会。7～8 月，京津冀之间签署了 18 项协议，三地成立推进协同发展机构，率先在产业、生态、交通三大重点领域推动突破，三地协同发展取得了阶段性重要进展。

2015 年 4 月，经国务院批复同意定位为打造中国经济发展新增长极、打造中西部新型城镇化先行区、打造内陆开放合作示范区、打造"两型"社会

建设引领区"四个打造"的《长江中游城市群发展规划》启动规划建设实施。

（二）新常态下我国城镇化的创新发展

1. 新常态下城镇化创新发展的新内涵

城镇化新常态是一个科学的理论命题，具有丰富的理论内涵。首先，城镇化新常态是指以人为本城镇化的发展状态，它是从物本城镇化向人本城镇化转变的阶段和过程，也是使城镇人口获得生存、发展和享受的权力，实现人的全面发展的城镇化状态。其次，城镇化新常态是指城镇化的健康发展状态。它符合以人为本理念，保持历史耐心，设置合理增长区间，坚持因地制宜，稳步推进，适度增长的城镇化发展状态。再次，城镇化新常态是指质量更高的城镇化状态。质量是城镇化建设的核心，城镇化质量是一个综合的概念，它是城镇化的资源要素实现合理配置并得到充分高效利用的城镇化发展状态。最后，城镇化新常态是指适度增长的城镇化状态。城镇化质量高低和速度快慢的重要指标是城镇化率。保持适度增长城镇化最主要的是确定合理的城镇化率。

2. 新常态下城镇化创新发展的新目标

城镇化新常态是城镇化发展的新阶段，是对城镇化建设提出的新要求，同时也赋予城镇化新的目标。第一，大幅提高城镇化率。到 2020 年，解决 1 亿农业人口落户城镇，对近 1 亿人口的城镇棚户区和城中村进行改造，使 1 亿人口在中西部地区的城镇中就业和生活。每年城镇化率提高 0.9%，转移 1000 多万农村人口，使我国的城镇化率达到 60%。到 2050 年，我国将建成为现代城镇化国家，城镇化率达到 70% 以上。

3. 新常态下城镇化创新发展的新机遇

城镇化新常态为城镇化发展提供以下新机遇：一是人口城镇化。人口城镇化进程将创造巨大投资需求和消费需求，加速消费升级。城市群和虚拟城市作为城镇化新常态的主体形态，成为我国社会经济发展中最有活力和最具潜力的增长极，并将成为未来相当长的一个时期我国经济社会发展的中流砥柱。二是产业高端化。产业结构水平从低端、中端逐步走向中高端，产业结构优化升级，生产方式根本转变，为城镇化新常态提供强大的产业支撑。三是发展低碳化。资源环境瓶颈压力加剧，新兴产业勃发，消费者环保意识增强都将创造绿色低碳经济发展机遇，促进节能降耗减排。四是社会信息化。信息化是信息技术和科技发展的必然产物，是突破经济发展瓶颈，转变经济发展模式，提升产业和产品竞争力的关键。五是经济服务化。消费升级将创造公共性服务、消费性服务、生产性服务等将成为新兴产业、支柱产业，为我国社会经济发展提供巨大的发展空间。六是经营国际化。城镇化新常态是城镇经营和发展国际化的状态（葛蕾，2016）。

专栏 2-1

习近平论城镇化工作：倡导"四个注重"坚持以人为核心

城镇化是现代化的必由之路，是我国最大的内需潜力和发展动能所在。日前，中共中央总书记、国家主席、中央军委主席习近平就深入推进新型城镇化建设作出重要指示，强调坚持以创新、协调、绿色、开放、共享的发展理念为引领促进中国特色新型城镇化持续健康发展，提出"四个注重"的工作要求。十八大以来，习近平总书记就深入推进新型城镇化建设作出了一系列重要论述，形成了指导中国迈向城市社会的纲领性框架思路，为"十三五"中国城市发展指明了方向。

要坚持以创新、协调、绿色、开放、共享的发展理念为引领，以人的城镇化为核心，更加注重提高户籍人口城镇化率，更加注重城乡基本公共服务均等化，更加注重环境宜居和历史文脉传承，更加注重提升人民群众获得感和幸福感。要遵循科学规律，加强顶层设计，统筹推进相关配套改革，鼓励各地因地制宜、突出特色、大胆创新，积极引导社会资本参与，促进中国特色新型城镇化持续健康发展。

——2016 年 2 月，习近平对深入推进新型城镇化建设作出重要指示做好城市工作，首先要认识、尊重、顺应城市发展规律，端正城市发展指导思想。要推进农民工市民化，加快提高户籍人口城镇化率。要增强城市宜居性，引导调控城市规模，优化城市空间布局，加强市政基础设施建设，保护历史文化遗产。要改革完善城市规划，改革规划管理体制。要改革城市管理体制，理顺各部门职责分工，提高城市管理水平，落实责任主体。要加强城市安全监管，建立专业化、职业化的救灾救援队伍。

——2015年11月10日，在中央财经领导小组第十一次会议上强调

城镇化是一个自然历史过程，涉及面很广，要积极稳妥推进，越是复杂的工作越要抓到点子上，突破一点，带动全局。推进城镇化的首要任务是促进有能力在城镇稳定就业和生活的常住人口有序实现市民化。农民工市民化，大中小城市有不同要求，要明确工作重点。推进城镇化不是搞成城乡一律化。城乡公共基础设施投资潜力巨大，要加快改革和创新投融资体制机制。

——2015年2月10日，在中央财经领导小组第九次会议上强调

推进人的城镇化重要的环节在户籍制度，加快户籍制度改革，是涉及亿万农业转移人口的一项重大举措。总的政策要求是全面放开建制镇和小城市落户限制，有序放开中等城市落户限制，合理确定大城市落户条件，严格控制特大城市人口规模，促进有能力在城镇稳定就业和生活的常住人口有序实现市民化，稳步推进城镇基本公共服务常住人口全覆盖。户籍制度改革是一项复杂的系统工程，既要统筹考虑，又要因地制宜、区别对待。要坚持积极稳妥、规范有序，充分考虑能力和可能，优先解决存量，有序引导增量。要尊重城乡居民自主定居意愿，合理引导农业转移人口落户城镇的预期和选择。要促进大中小城市和小城镇合理布局、功能互补，搞好基本公共服务，还要维护好农民的土地承包经营权、宅基地使用权、集体收益分配权。

——2014年6月6日，在中央全面深化改革领导小组第三次会议强调

城市规划在城市发展中起着重要引领作用，考察一个城市首先看规划，规划科学是最大的效益，规划失误是最大的浪费，规划折腾是最大的忌讳。

——2014年2月，在北京考察工作时强调

　　要稳步推进农村改革，创造条件赋予农民更多财产权利。对中央工作部署，要准确领会政策要点和要领，不能随意解读，想怎么干就怎么干。城镇化不是土地城镇化，而是人口城镇化，不要拔苗助长，而要水到渠成，不要急于求成，而要积极稳妥。

　　　　　　　——2013 年 11 月 28 日，在山东省农科院座谈会上强调

　　资料来源：人民网 . 2016- 02- 26. http://cpc. people. com. cn/xuexi/n1/2016/0226/c385474
-28151688. html

（三）我国城市创新能力现状

1. 城市的创新能力及其特征

　　创新发展对于城市来说是一个综合的概念，不仅包括科技创新，还包括产业创新、规划创新、制度创新、文化创新等。一般具有较强创新能力的城市，主要指那些把科技创新作为基本战略，大幅提高自主创新能力，形成日益强大的竞争优势的城市。一个城市把提升自主创新作为其发展的主导战略，就意味着这个城市要实现从传统发展观向科学发展观的根本转变，实现社会发展方式特别是经济增长方式由要素驱动向创新驱动的根本转变，实现由局域发展、不均衡发展向全面发展、协调发展、和谐发展的转变。

　　在我国衡量一个城市的创新能力，或者是否是创新型城市，至少应具备以下 4 个基本特征：①创新投入高。R&D 投入占 GDP 总量超过 3%。目前的创新型城市，研究与发展资金投入占国民生产总值的比重较高。②科技进步贡献率比较高，一般达到 70% 以上。③对引进技术的依存度较低，一般不超过 30%。利用自主创新，实现经济增长方式的根本转变。④创新产出高。拥有一大批技术创新成果，尤其是拥有一批核心发明专利，发明申请专利占全部专利申请量超过 70%（张洁等，2007）。

2. 《福布斯》中文版中国大陆创新能力排名

　　《福布斯》中文版对 2010 年 GDP 在 436 亿元以上的 129 个大陆城市进行了调查，并参考新申请专利数、科技三项支出占地方财政支出比例等指标加

权计算出城市的创新能力。在国内的城市中，深圳市蝉联冠军。2010年，深圳市高新技术产业增加值3059亿元，增长17.1%；高新技术产品产值10 176亿元，其中拥有自主知识产权的产品产值占比高达60.1%。

2014年，《福布斯》中文版丰富了创新指数的内容。在往年使用专利申请量（人均及总量）、专利授权量（人均及总量）、科技三项支出占地方财政支出比例等数据的基础上，新加入了发明专利授权量（人均及总量）、PCT（Patent Cooperation Treaty，专利合作条约）国际专利申请量（人均及总量）等指标。其中，前者是年度授权专利中最富含金量的部分，更能准确反映一个城市的创新实力；而后者引入了国际指标来衡量城市及其当地企业的创新能力。

深圳是自发性创新的代表。开放的经济以及市场经济先行一步，使得创新成为企业的内生动力，而不是政府的政绩行为。在《福布斯》中文版创新指数的细分指标中，2014年首次引入的PCT国际专利申请量指标由智慧芽专利检索分析提供，深圳在PCT国际专利申请量中名列第一。根据世界知识产权组织（WIPO）公布的2013年国际专利申请件数统计数据，有4家中国公司挤进PCT国际专利申请人的前50名，它们分别是中兴通讯、华为技术、华星光电、腾讯。无一例外，它们全部是深圳本土企业。

苏州保持了在全国所有城市中，专利申请量和专利授权量这两个细分指标双第一的优势。苏州通过加大科技投入、推动企业自主创新、支持创新创业载体与平台建设、引进国内外研发机构、发展科技服务业、积极发展各类创业投资、加强知识产权创造与保护、实施促进自主创新的政府采购等一系列措施增强苏州市的创新能力，而实际上也是成效显著。而北京则在发明专利授权量这一细分指标中名列第一，显示了北京高校及科研院所集中的创新基础实力。

2010~2014年，《福布斯》杂志出中国大陆创新能力前25位的城市进行排名，见表2-1。

表2-1 福布斯中国大陆创新能力最强的25个城市排名

排名	2010年	2011年	2012年	2013年	2014年
1	深圳	深圳	苏州	苏州	深圳
2	上海	苏州	深圳	无锡	苏州

续表

排名	2010 年	2011 年	2012 年	2013 年	2014 年
3	苏州	上海	上海	北京	北京
4	北京	北京	无锡	深圳	杭州
5	吴江	吴江	吴江	上海	上海
6	东莞	无锡	北京	杭州	无锡
7	杭州	杭州	杭州	宁波	南京
8	昆山	昆山	宁波	东莞	宁波
9	常熟	常熟	常熟	常州	广州
10	绍兴	张家港	昆山	南通	常州
11	张家港	大连	南通	南京	东莞
12	无锡	东莞	大连	常熟	天津
13	广州	南通	南京	绍兴	昆山
14	宁波	宁波	东莞	佛山	武汉
15	中山	绍兴	绍兴	天津	南通
16	太仓	宜兴	常州	中山	佛山
17	大连	中山	中山	芜湖	中山
18	佛山	芜湖	天津	海门	青岛
19	天津	广州	扬州	广州	镇江
20	宜兴	合肥	佛山	慈溪	长沙
21	芜湖	太仓	海门	昆山	成都
22	台州	天津	镇江	镇江	大连
23	长沙	佛山	广州	金华	绍兴
24	嘉兴	扬州	慈溪	成都	常熟
25	湖州	常州	金华	嘉兴	合肥

资料来源：http：//www. chinacity. org. cn/csph/csph/100790. html

三、创新发展的案例实践

（一）国外城镇化过程中创新发展实践

随着世界经济的发展和全球化趋势的不断加快，现代国家城市形态出现了转型，城市的发展越来越依赖创新驱动。城市创新能力提升是城镇化发展的必然要求，自 20 世纪末以来，创新型城市始终是一些发达国家城市发展最主要的目标（表2-2）。

表2-2 国外建立创新型城市的实践

代表城市	创新实践	具体措施
纽约	大力发展生产者服务业，打造世界金融中心	大力发展生产者服务业，有针对性地为各产业培养专业人才，纽约市几十所高等院校纷纷筹建与知识经济衔接的新专业；同时在市区开辟出"高科技产业研究园区"，联合众多大学、研究机构和企业的科研力量，研发高端科技产品
伦敦	创意产业和传统金融服务业并举	开展"青年展望项目"和"教学公司项目"，鼓励青年在创建创新型城市中发挥作用，引导知识在组织机构与个人之间传播，更好地应用于创新过程，促进大学、学生与企业之间的合作，建起学校–产业–研究所之间有效的创新平台和运行机制
大田	以科学城创建亚洲新硅谷	20世纪70年代，韩国政府在大田市开发建设大德科学城。大德科学城现已形成了具有一定规模的专业化科研基地和高科技企业孵化基地，成为大田经济发展的助推器和原动力
东京	工业导向创新城市	采取多种减免税收政策和特别贷款制度；专门成立了小企业金融公库，对高新技术小企业发放特别贷款。此外，政府倾向于日本原来薄弱的基础性原创领域的大力支持，鼓励产业界与高校建立"共同研究中心"，由科技厅专款补贴

(二) 新加坡：全球文化和设计业的中心[①]

1. 新加坡创新发展的实践历程

长期以来，制造业是新加坡经济发展的主动力。但是，制造业产值始终处于波动之中，就业人数处于持续减少的趋势中。就现状而言，新加坡作为一个制造业基地已经不具备竞争力。因此，新加坡政府适时提出以知识经济为基础，大力发展创意产业，并将创意产业定为21世纪的战略产业，努力使新加坡成为"新亚洲创意中心"、"一个文艺复兴的城市"、"全球文化和设计业的中心"，通过创意产业与传统制造业并举来提升城市创新能力，全力打造创新型城市。

2000年新加坡信息与艺术部提出一份《文艺复兴城市报告》；2001年新加坡政府成立经济检讨委员会（创意产业工作小组为其中之一）以检讨新加

---

① 李威. 2012. 新加坡促进科技创新的实践及启示. 安徽科技，(5)：53–54

坡的发展策略，并制定未来发展方向；2002 年提出《创意产业发展策略》，该策略以三个重心"文艺复兴城市 2.0"、"设计新加坡"、"媒体 2.1"来发展新加坡的创意产业，通过发展创意产业建设创新型城市。据 2011 年世界经济论坛和英思雅联合发布的第 10 份《环球资讯科技年度报告》显示，新加坡在网络就绪指数（networked readiness index，NRI）排名中，连续两年排名第二位，以 0.01 分的微差屈居瑞典之后，但在亚洲经济体中却是遥遥领先。新加坡科技发展水平位居世界前列，尤其是政府电子信息化建设特别突出。根据日本早稻田大学《2009—2010 年电子政府研究》报告显示，新加坡在全球电子政府开发指数中排名第一位。新加坡的 IT 基础设施已经非常先进，目前正在借助推行"智慧国 2015"计划，利用信息通信技术将国家打造成为一个"智慧的国家、全球化的城市"。

2. 新加坡创新发展的经验借鉴

（1）制定政策措施，鼓励科技创新

新加坡政府积极地制定科技规划，出台了一系列的科技计划，如"革新2020"计划、21 世纪科技企业家计划、21 世纪资讯通信计划、生命科学发展计划等。同时，新加坡政府还制定了非常明确的产业导向政策，不仅可以减免税收，政府还可以参与投资，甚至是帮助企业补充研发费用。为促使研究机构加强与产业界的合作，国家研究机构在从科技局申请到课题经费后通常只能得到总经费的 70%，其余部分将由科技局根据工业界提供的资助金额等量拨付。

（2）增加研发投入，支持重要领域

新加坡政府把信息通信、生物制药以及微电子列为最重要的发展领域，并给予高强度的投资支持。新加坡科技研究局公布的《2010 年全国研发调查报告》指出，2010 年新加坡政府研究和发展的总开支为 65 亿元，科研人员和工程师人数同比增长 6.4%。在制定的 2010～2015 年科技五年规划中，把研发投入再增加 20%～25%。据《联合早报》2011 年 6 月 21 日报道，新加坡政府将投入 1500 万新元的资金，与业界合作发展流动科技的商机和空间，扩大商业用途与竞争力。

（3）重视科教事业，引进精英人才

新加坡非常重视科教事业，在过去 30 年中，新加坡的科技与教育支出在国家各项经费开支中仅次于国防预算，居第二位。新加坡崇尚精英教育，投巨资设立政府奖学金培育精英人才。从 2000 年开始，新加坡政府每年拨款 5 亿新元，通过国家科技局选拔优秀的高中毕业生和大学生去海外留学，在 10 年内培养 1000 个生命科学博士，支援新型的知识和研究密集行业的发展。2012 年 2 月 16 日，新加坡经济发展局又推出"生命科学人力开发计划"，将拨款 6000 万新元作为该计划的经费，希望 5 年内培养出 245 名能为生命科学作出贡献的专业人才。

（4）全球布局投资，主攻科技开发

20 世纪 90 年代初，新加坡政府提出"新加坡资源无限""环球城市"等理念，鼓励国民走出国门寻找商业和科技开发的机会。新加坡积极在中国、印度、印度尼西亚、越南等地区参与开发工业园。其中，苏州工业园区是中国与新加坡两国政府之间最大的经济技术合作项目。未来 10 年，新兴信息技术是新加坡政府首要的发展重点。据有关部门统计，新加坡 2011 年的海外直接投资增长强劲，年比增长 9.7%，达 317 亿新元。

（三）我国资源型城市创新发展实践

1. 我国资源型城市创新发展成效

作为城市体系的重要分支，资源型城市曾为我国经济发展做出巨大贡献，但由于资源日益枯竭，资源型城市发展与资源开发的矛盾日渐突出，因此，以产业转型为核心的全面转型迫在眉睫。产业转型是一个复杂的系统工程，需要通过创新发展加以实现。

2001 年国务院确定辽宁省阜新市为首个资源枯竭城市经济转型试点，启动我国资源型城市可持续发展工作。2007 年，国务院出台《关于促进资源型城市可持续发展的若干意见》，资源型城市可持续发展工作全面展开。为加大支持力度，2008 年以来，国家发展和改革委员会同财政部、国土资源部分三批界定了全国 69 个资源枯竭城市，初步建立起分类指导、滚动推进的支持机制，中央财政累计下达资源枯竭城市财政转移支付资金 463 亿元。财政部、国土资源部实施了主要针对资源枯竭城市的矿山地质环境治理重点工程，安排资金 68.4 亿元。同时，资源枯竭城市所在的 23 个省（自治区、直辖市）相继建立了领导小组、联席会议等工作机制。江苏、湖北、山东、广西等 13 个省（自治区、直辖市）出台了支持本地区资源型城市可持续发展的政策措施，辽宁、内蒙古、江西、重庆等 8 个省（自治区、直辖市）安排了省级财政转移支付或专项扶持资金，其中内蒙古自治区 2009～2011 年共安排 18 亿元专项资金用于支持资源型城市可持续发展。通过长期的转型创新发展，我国资源型城市的转型效果显著。

（1）经济恢复较快增长，多元化产业体系初步形成

资源枯竭城市经济活力显著增强，经济增长逐渐改变了转型前的低速徘徊局面。2007～2010 年，前两批 44 个城市 GDP 由 6677 亿元增加到 10 966 亿元，年均增长 13.2%，高于全国平均水平 3.5 个百分点。人均 GDP 由 19 785 元增加到 31 975 元，年均增长 12.6%，高于全国平均水平 3.7 个百分点。地方一般预算收入由 321 亿元增加到 638 亿元，年均增长 20.6%，较 2007 年翻了一番。同时，各地资源型产业"一业独大"的局面正在改变。经济发展对采掘业的依赖逐步降低，产业结构不断优化，接续替代产业发展迅速：阜新市的液压装备制造、辽源市的纺织袜业、萍乡市的工业陶瓷、铜陵市的电子信息等接续替代产业集群初具竞争优势，焦作的旅游、大冶的保健酒、敦化的医药等已经成为全国知名品牌。

（2）基础民生逐渐改善，社会保障水平不断提高

2005 年，棚户区改造工程率先在抚顺、阜新两个资源枯竭城市启动。截至 2011 年，资源枯竭城市累计完成各类棚户区改造搬迁 8700 万平方米，近 200 万户居民喜迁新居。2007～2010 年，这些城市城镇居民收入较快增长，人均可支配收入由 10 847 元增加到 15 080 元，年均增长 11.6%。同时，稳定就业政策得到较好落实，累计再就业培训 215 万人次、新增城镇就业 254 万人。资源枯竭城市社会保障水平不断提高，城镇职工医疗保险、城镇居民医疗保险、新型农村合作医疗保险参保率均达到 90% 以上，城镇最低生活保障标准较 2007 年平均提高 51%。

（3）生态环境明显改善 城市功能得到提升

各地还大力推进生态环境恢复治理，累计完成矿山地质环境恢复治理7.6万公顷。这些城市大力发展循环经济，煤矸石、尾矿、冶炼废渣得到有效利用，并采取措施治理土地盐碱化、重金属污染等环境问题。这些城市积极开展森林抚育和植被恢复，生态环境保护力度进一步加大，资源环境承载能力得到增强，城市功能不断完善。焦作、萍乡被评为"国家园林城市"，枣庄市结合棚户区改造重建台儿庄古城再现"江北水乡"，石嘴山市通过矿石山改造、沙湖治理打造"塞上江南"，昔日生态环境破坏严重的资源枯竭城市逐渐向环境优美的宜居城市转变。

2. 成都青白江区经验：打造区域创新创业高地

"蓉欧创业大院"是青白江区加快实施"蓉欧+"战略、全面推进创新驱动发展、加快老工业基地转型升级的创新创业核心孵化载体。这个以"蓉欧+"为主题的众创空间，为有意愿有条件来该区的创业者提供了便捷的创新创业环境。不仅如此，在工业园区，青白江已建成盛华市级科技企业孵化器、青年（大学生）工业创业园，累计孵化创业项目50余项。依托毗河以南农业乡镇地域优势，青白江还建设了千亩现代化园艺植物大学生创业园、500亩①藤椒示范种植基地、柠檬种植园等，累计为农业创业者提供创业用地2000余亩，引进了农业创业项目20余个。

除了利用多方优质资源，搭建创新创业平台，青白江还加大政策扶持力度，推进行政审批制度改革，有效降低创新创业门槛，积极营造良好创新创业环境，构建创新创业生态体系，打造区域创新创业高地。为解决创新创业中小微企业融资难问题，青白江区已获批中小微企业"壮大贷"试点，资金池规模为6000万元，放大贷款规模为6亿元。同时设立1000万元创新创业引导资金，促进创新创业与金融资本深度融合，降低创新创业成本。

为吸引更多的高层次人才来青白江创业，2015年以来，该区先后出台《成都市青白江区高层次创新创业人才计划实施办法》、《关于推进大众创业

---

① 1亩≈666.7平方米

万众创新的实施意见》、《关于进一步做好新形势下就业创业工作的实施意见》及《成都市青白江区关于支持大众创业万众创新的若干政策细则》，进一步优化人才综合发展环境，破解创新人才在创新创业中的公共性、基础性难题。该区设立2亿元创新创业发展资金，重点扶持创新创业载体建设、创新创业交流活动开展等。据悉，青白江区还即将出台《青白江区激励大众创业万众创新建设区域创新创业人才高地的十条政策》，吸引集聚各类优秀人才来这里建功立业。

四、创新发展的数据分析

（一）评价指标

在相关评价指标体系的构建实例中，国外较为典型的有在欧盟创新记分牌上修订而形成的由创新投入和产出两个部分组成的"欧盟总体创新指数"。前者主要由创新驱动、知识创造和企业创新构成，包括了人力资本、研发经费及基础设施等方面的投入；后者则从技术应用与知识产权方面进行分析。英国著名智库组织罗伯特·哈金斯协会（Robert Huggins Associates，RHA）编制了世界知识竞争力指数（the world knowledge competitiveness index，WKCl）用来衡量全球各地区知识容量、创新能力、可持续性以及将知识转换成经济价值和该地区居民财富程度的整体综合基准。该指数涵盖了5个板块，具体包括知识资本、金融资本、人力资本、知识支持和经济产出。

根据以上创新能力评价体系，针对资源型城市的特点，主要从创新的人力、资金和成果三个方面构建创新发展指数。资源型城市创新的人力投入方面，选取科技从业人员的比重这一指标，即科学技术从业人员与期末总从业人员的比重。资金投入方面，选取科学技术支出比重，即地方财政总支出中科学技术支出占比。创新成果方面采取万人专利申请量来反映。

（二）结果分析

样本选取我国典型的15个资源型城市（地区），包括铜陵、马鞍山、青白江、本溪、湘潭、枣庄、平顶山、阳泉、抚顺、十堰、大同、石嘴山、大庆、铜川和攀枝花。创新发展能力评价的结果见表 2-3，可以得出人力投入前五位的城市分别是大庆、马鞍山、抚顺、青白江和攀枝花，资金投入前五位的城市分别是铜陵、马鞍山、攀枝花、本溪和十堰，创新成果排名前五位的城市分别是铜陵、青白江、攀枝花、马鞍山、湘潭。

表 2-3　资源型城市创新发展指数以及排名

城市	科学技术从业人员比例/%	科学技术支出占比/%	万人专利申请量/项	创新发展指数	排名
大同	0.07	0.02	0.00	0.028	15
阳泉	0.06	0.08	0.17	0.101	8
抚顺	0.13	0.11	0.07	0.104	7
本溪	0.04	0.18	0.01	0.076	12
大庆	1.00	0.00	0.14	0.380	2
马鞍山	0.16	0.41	0.35	0.307	3
铜陵	0.04	1.00	1.00	0.679	1
枣庄	0.03	0.06	0.17	0.090	10
平顶山	0.05	0.11	0.12	0.092	9
十堰	0.00	0.14	0.12	0.087	11
湘潭	0.06	0.12	0.29	0.159	6
青白江	0.12 *	0.11	0.48	0.235	4
攀枝花	0.11	0.19	0.37	0.225	5
铜川	0.10	0.02	0.05	0.057	14
石嘴山	0.09	0.06	0.03	0.060	13

＊科学技术从业人员比重缺少青白江区的数据，以成都市的数据代替

资料来源：《中国城市统计年鉴2015》，各城市国民经济与社会发展统计公报

　　图 2-1 为资源型城市创新能力的综合排序，前五位依次是铜陵、大庆、马鞍山、青白江、攀枝花。总体来说，铜陵市除过人员投入较低之外，其他两项指标都排在第一位，综合创新能力最高。大同各项指标都低，位于最后一位。青白江无论人力、资金和成果三个方面都比较均衡，在 15 个资源型城市中位于第四位。

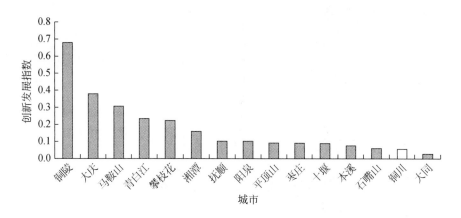

图 2-1   资源型城市创新能力排名

第三章 协调发展：新型
城镇化的内在要求

协调是可持续发展的内在要求，着力于解决发展的不平衡性，增强发展的整体性。习近平强调，"注重发展的统筹和协调。城乡联系、区域联系、经济与社会的联系、人与自然的联系、国内发展与对外开放的联系等都是客观存在的，我们应注意协调好它们之间的关系"。

改革开放以来，中国的协调发展取得显著成绩，但经济社会发展中存在的不平衡、不协调、不可持续问题依然存在。坚持协调发展，必须综合处理各方面关系，做好补齐短板的大文章，规避"木桶效应"，增强"协同效应"：在发展内容上，要协调好经济、政治、文化、社会、生态各个领域的共同发展；在发展空间上，要注重发展的整体性，完善区域政策，协调好东部与西部、城市与乡村、发达地区与欠发达地区的发展；在发展时间上，要协调好现在和未来的发展，实现速度和结构质量效益相统一，实现经济社会永续发展；同时还要协调好国内与国外的发展，在世界范围内形成各经济体良性互动、协调发展的格局。

一、协调发展的概念内涵

(一) 协调发展概念内涵

协调发展是"协调"与"发展"的交集，是系统或系统内要素之间在和谐一致、配合得当、良性循环的基础上由低级到高级，由简单到复杂，由无序到有序的总体演化过程。协调发展不是单一的发展，而是一种多元发展，在"协调发展"中，发展是系统运动的指向，而协调则是对这种指向行为的有益约束和规定，强调的是整体性、综合性和内在性的发展聚合。在新常态背景下，"协调发展"也被赋予了最新内涵："协调发展"不仅要顾及当代人，实现"代内协调发展"，又要顾及后来人，实现"代际协调发展"，还要保持"发展"在空间（包括地理空间、产业领域等）上的"协调"。因此，"协调发展"的概念可以概括为：以实现人的全面发展为系统演进的总目标，在遵循客观规律的基础上，通过子系统与总系统，以及子系统相互间及其内部组成要素间的协调，使系统及其内部构成要素之间的关系不断朝着理想状态演进的过程。

协调发展的定义特别强调以下几点特征：①协调发展是以人为本，尊重客观规律的综合发展；②协调发展是总系统目标下的子-总系统、子-子系统及其内部组成要素间关系的多层次协调；③协调发展是基于发展所依赖的资源和环境承载能力的发展；④系统间协调发展效应大于系统孤立发展的效应之和；⑤协调发展在时间和空间上表现为层次性、动态性及其形式多样性的统一；⑥协调发展具有系统性，协调发展系统具有复杂的内部结构，是一个开放的、复杂的、灰色的、非线性的自组织系统；⑦协调发展的反面是发展不协调或发展失调。

（二）协调发展理论解析

协调发展不仅是基于我国在推进社会主义现代化的过程中存在现实的发展不平衡问题，更是全面建成小康社会，实现经济永续发展的必然选择。增强发展协调性，必须坚持区域协同、城乡一体、物质文明精神文明并重、经济建设国防建设融合，在协调发展中拓宽发展空间，在加强薄弱领域中增强发展后劲。

（1）区域协调发展

区域协调发展是劳动地域分工深化的产物，是区域在经济上彼此互相依赖日益加深的具体表现。对于我国区域经济发展而言，"十三五"时期要高度关注东、中、西部经济发展的协调，只有采取互补协调发展的战略，才能协调好区域经济发展效率与公平的关系。推动区域协调发展要深入实施西部大开发战略，支持西部地区改善基础设施，发展特色优势产业，强化生态环境保护。推动东北地区等老工业基地振兴，促进中部地区崛起，加大国家支持力度，加快市场取向改革。支持东部地区率先发展，更好辐射带动其他地区。此外，推动区域协调发展必须培育若干带动区域协同发展的增长极。例如，要推动京津冀协同发展，要优化城市空间布局和产业结构，有序疏解北京非首都功能，推进交通一体化，扩大环境容量和生态空间，探索人口经济密集地区优化开发新模式。

（2）推动城乡协调发展

城乡关系是国民经济的重要组成部分，同时又是人口、资源、环境等问题的焦点。中国正处在城镇化发展的关键时期，推动城乡协调发展，改变城乡二元经济结构，要把城市和农村经济社会发展问题作为一个整体，进行统筹规划、通盘考虑，综合起来统一想办法解决。要发展特色县域经济，加快培育中小城市和特色小城镇，促进农产品精深加工和农村服务业发展，拓展农民增收渠道，完善农民收入增长支持政策体系，增强农村发展内生动力。城镇的发展不仅是物质财富富足的标志，而且也是人类文明进步的象征。要坚持工业反哺农业、城市支持农村，健全城乡发展一体化体制机制，推进城乡要素平等交换、合理配置和基本公共服务均等化。城镇化绝不只是简单的农村人口向城市迁居，而是几亿人口生产方式和生活方式的根本性转变，这种根本性的社会转型，将使中华民族的文明程度显著提高，并对21世纪的人类经济社会发展产生深刻影响。

（3）推动物质文明和精神文明协调发展

物质文明和精神文明协调发展，是指经济的发展必须与文化发展以及人的发展最佳配合，整个经济社会的发展具有系统性和可持续性。习近平总书记指出："只有物质文明建设和精神文明建设都搞好，国家物质力量和精神力量都增强，全国各族人民物质生活和精神生活都改善，中国特色社会主义事业才能顺利向前推进。"推动物质文明和精神文明协调发展要坚持"两手抓、两手都要硬"，坚持社会主义先进文化前进方向，坚持以人民为中心的工作导向，坚持把社会效益放在首位，社会效益和经济效益相统一，坚定文化自信，增强文化自觉，加快文化改革发展，加强社会主义精神文明建设，建设社会主义文化强国。

（4）推动经济建设和国防建设融合发展

推动经济建设和国防建设融合发展，要坚持发展和安全兼顾、富国和强军统一，实施军民融合发展战略，形成全要素、多领域、高效益的军民深度融合发展格局。习近平总书记指出，"要统筹经济建设和国防建设，努力实现富国和强军的统一。进一步做好军民融合式发展这篇大文章，坚持需求牵引、国家主导，努力形成基础设施和重要领域军民深度融合的发展格局。"新时期，要实现中华民族伟大复兴，必须坚持富国和强军相统一，努力建设巩固国防和强大军队。同全面建成小康社会进程相一致，全面推进国防和军队建设。到 2020 年，基本完成国防和军队改革目标任务，基本实现机械化，信息化取得重大进展，构建能够打赢信息化战争、有效履行使命任务的中国特色现代军事力量体系。

（三）协调发展与新型城镇化

新型城镇化是以城乡统筹、城乡一体、产业互动、节约集约、生态宜居、和谐发展为基本特征的城镇化，是大中小城市、小城镇、新型农村社区协调发展、互促共进的城镇化。城镇化并非简单的人口由农村向城市的转移，而是涉及城乡之间的生产要素、空间分布等多方面的均衡关系。因此，需要从城乡多元均衡协调的视角，以人的城镇化为核心，构建起科学的城镇化发展体制与机制。

首先，需要推动城乡居民在基本权益上的平等。当前，许多农民在城镇化、工业化的进程中实现了职业、地域的转移，但身份的转换还不充分，社会融入、住房及子女就学等方面的问题还比较突出，也造成了大量的留守儿童、留守老人和留守妇女现象，这既给农村发展带来问题，也给城市社会发展带来隐患。因此，新型城镇化过程应按照"以人为本"的理念，从人的需求视角出发，推动外来务工人员逐步落户城镇，并建立起覆盖全体居民的义务教育、就业、医疗、养老、住房等基本公共服务体系，促进基本公共服务均等化。

其次，需要推动城乡生产要素的平等使用、合理流动。我国城乡生产要素使用体制机制分割明显、重城轻乡，在生产要素使用上不能同权同价，流动不畅。因此，促进城镇化的健康发展，要逐步推动城乡生产要素的平等使用、合理流动，使城乡在一个相对平等的发展环境中良性发展。例如，要加快农村建设用地流转，在符合土地规划的前提下，使乡村土地与国有土地同等入市、同权同价。此外，还要加强农村金融体系建设，引导邮政储蓄银行、商业银行和村镇银行在农村地区开设营业网点，为农村发展提供必要的金融支持，激发农村地区的发展活力。

再次，需要构建城镇与乡村均衡协调发展空间体系。在高速城镇化进程中，我国已经涌现出一批超级城市和特大城市，导致人口过度膨胀、资源粗放开发、交通拥堵、空气污染、用水紧缺等问题，不加以适当的控制引导，"大城市病"可能会愈演愈烈。同时，在乡村地区，空心村现象比较普遍，村民建房引导控制不足，中心村难以形成，缺乏合理的村落体系。因此，城镇化的健康发展，需要在空间上对城市和乡村发展加以严格的引导，避免城乡空间扩展的混乱局面。例如，可以通过主体功能区划，引导城镇、产业和人口的合理分布，使经济活动和人口逐步向集聚能力较强的城镇迁移。

最后，需要形成产城融合的城镇发展状态。产城融合是实现城镇化健康发展的内在技术要求。目前，部分地区在城镇化过程中出现了两个极端的倾向：房地产化和工业园化，难以实现"产城融合"，影响城镇化健康发展，因此需要着力推动产城融合发展。在协调发展的大背景下，要实现产城融合需要满足如下基本要求：一要做到职住平衡，积极促进就业与居住的融合，使居住人群与就业人群实现合理的匹配；二要促进城镇各项功能的匹配，不仅要求城市生产、居住、交通、商业、休闲娱乐等功能类别之间的匹配，而且要求各类别功能在不同阶段及时序上的匹配，这样才能实现城镇在不同时序上的均衡发展；三要促进各项功能在空间上的整合，城镇居住、服务、产业、绿地等在空间上应促进彼此的有机融合和隔离，形成方便、舒适、生态的产城融合环境；四要推动产城融合遵循各种价值规律，如要遵循运费最省、通勤最少、利润最大等基本目标取向。

二、协调发展的现状解析

（一）国家顶层设计

协调发展是我国新型城镇化建设的重大战略问题，不仅关心如何加快消除城乡二元结构的体制机制障碍，推进城乡要素平等交换和公共资源均衡配置，更关注如何加快补齐农业农村短板，让广大农民平等参与现代化进程、共同分享现代化成果。国务院相关部门针对上述问题，已经从国家规划的顶层设计层面，对城乡发展一体化和新农村建设等问题予以论证和规划。

1. 城乡发展一体化设计

城乡一体化是中国现代化和城镇化发展的一个新阶段，城乡一体化就是要把工业与农业、城市与乡村、城镇居民与农村村民作为一个整体，统筹谋划、综合研究，通过体制改革和政策调整，促进城乡在规划建设、产业发展、市场信息、政策措施、生态环境保护、社会事业发展的协调发展，改变长期形成的城乡二元经济结构，实现城乡在政策上的平等、产业发展上的互补、国民待遇上的一致，使整个城乡经济社会全面、协调、可持续发展。城乡一体化是一项重大而深刻的社会变革，不仅是思想观念的更新，也是政策措施的变化。2014 年 3 月，中共中央、国务院印发了《国家新型城镇化规划（2014—2020 年）》（以下简称《规划》），专章论述城乡发展一体化体制机制的完善，具体的规划内容如下：

（1）推进城乡统一要素市场建设

加快建立城乡统一的人力资源市场，落实城乡劳动者平等就业、同工同酬制度。建立城乡统一的建设用地市场，保障农民公平分享土地增值收益。建立健全有利于农业科技人员下乡、农业科技成果转化、先进农业技术推广的激励和利益分享机制。创新面向"三农"的金融服务，统筹发挥政策性金融、商业性金融和合作性金融的作用，支持具备条件的民间资本依法发起设立中小型银行等金融机构，保障金融机构农村存款主要用于农业农村。加快农业保险产品创新和经营组织形式创新，完善农业保险制度。鼓励社会资本投向农村建设，引导更多人才、技术、资金等要素投向农业农村。

（2）推进城乡规划、基础设施和公共服务一体化

统筹经济社会发展规划、土地利用规划和城乡规划，合理安排市县域城镇建设、农田保护、产业集聚、村落分布、生态涵养等空间布局。扩大公共财政覆盖农村范围，提高基础设施和公共服务保障水平。统筹城乡基础设施建设，加快基础设施向农村延伸，强化城乡基础设施连接，推动水电路气等基础设施城乡联网、共建共享。加快公共服务向农村覆盖，推进公共就业服务网络向县以下延伸，全面建成覆盖城乡居民的社会保障体系，推进城乡社会保障制度衔接，加快形成政府主导、覆盖城乡、可持续的基本公共服务体系，推进城乡基本公共服务均等化。率先在一些经济发达地区实现城乡一体化。

专栏 3-1

让广大农民共享城乡一体化发展成果

中共中央政治局 2015 年 4 月 30 日就健全城乡发展一体化体制机制进行第二十二次集体学习。中共中央总书记习近平在主持学习时强调，加快推进城乡发展一体化，是党的十八大提出的战略任务，也是落实"四个全面"战略布局的必然要求。全面建成小康社会，最艰巨最繁重的任务在农村，特别是农村贫困地区。我们一定要抓紧工作、加大投入，努力在统筹城乡关系上取得重大突破，特别是要在破解城乡二元结构、推进城乡要素平等交换和公共资源均衡配置上取得重大突破，给农村发展注入新的动力，让广大农民平等参与改革发展进程、共同享受改革发展成果。

1. 推进城乡发展一体化不能墨守成规

习近平强调，由于欠账过多、基础薄弱，我国城乡发展不平衡不协调的矛盾依然比较突出，加快推进城乡发展一体化意义更加凸显、要求更加紧迫。

习近平指出，推进城乡发展一体化要坚持从国情出发，从我国城乡

发展不平衡不协调和二元结构的现实出发，从我国的自然禀赋、历史文化传统、制度体制出发，既要遵循普遍规律、又不能墨守成规，既要借鉴国际先进经验、又不能照抄照搬。要把工业和农业、城市和乡村作为一个整体统筹谋划，促进城乡在规划布局、要素配置、生态保护等方面相互融合和共同发展。着力点是通过建立城乡融合的体制机制，形成以工促农、以城带乡、工农互惠、城乡一体的新型工农城乡关系。

2. 确保粮食安全 提高农民收入水平

习近平强调，顺应我国发展的新特征新要求，必须加强发挥制度优势，加强体制机制建设，把工业反哺农业、城市支持农村作为一项长期坚持的方针，坚持和完善实践证明行之有效的强农惠农富农政策，动员社会各方面力量加大对"三农"的支持力度，努力形成城乡发展一体化新格局。

习近平指出，农村要发展，根本要依靠亿万农民。要充分发挥亿万农民主体作用和首创精神，不断解放和发展农村社会生产力，激发农村发展活力。要加快推进农业现代化，确保国家粮食安全，提高农民收入水平。要加快建立现代农业产业体系，延伸农业产业链、价值链，促进一二三产业交叉融合。要高度重视农村社会治理，加强基层党的建设和政权建设，增强集体经济组织服务功能，提高基层组织凝聚力和带动力。

3. 加快户籍制度改革 保障平等就业

习近平强调，要继续推进新农村建设，使之与新型城镇化协调发展、互惠一体，形成双轮驱动。要坚持以改革为动力，不断破解城乡二元结构。要通盘考虑城乡发展规划编制，一体设计，多规合一，切实解决规划上城乡脱节、重城市轻农村的问题。

习近平指出，要完善农村基础设施建设机制，推进城乡基础设施互联互通、共建共享，创新农村基础设施和公共服务设施决策、投入、建设、运行管护机制，积极引导社会资本参与农村公益性基础设施建设。要推动形成城乡基本公共服务均等化体制机制，特别是要加强农村留守儿童、妇女、老人关爱服务体系建设。要加快推进户籍制度改革，完善城乡劳动者平等就业制度，维护好农民工合法权益，保障城乡劳动者平等就业权利。

资料来源：《习近平在中共中央政治局第二十二次集体学习上的讲话稿》

2. 新农村建设水平设计

新农村建设是在经济快速发展的情况下，城市化水平不断提高，人们对农村建设情况的关注。近年来，我国对农村经济发展和新农村建设非常重视，这样能够更好的完善社会主义市场经济体制建设，同时也能更好的实现社会主义新农村建设，实现城乡统筹发展，同时也能更好的发展农村经济，实现共同富裕的目标。2016 年中央一号文件《关于落实发展新理念加快农业现代化实现全面小康目标的若干意见》明确提出："加快补齐农业农村短板，必须坚持工业反哺农业、城市支持农村，促进城乡公共资源均衡配置、城乡要素平等交换，稳步提高城乡基本公共服务均等化水平"，具体的规划内容如下：

①加快农村基础设施建设。把国家财政支持的基础设施建设重点放在农村，建好、管好、护好、运营好农村基础设施，实现城乡差距显著缩小。健全农村基础设施投入长效机制，促进城乡基础设施互联互通、共建共享。②提高农村公共服务水平。把社会事业发展的重点放在农村和接纳农业转移人口较多的城镇，加快推动城镇公共服务向农村延伸。③开展农村人居环境整治行动和美丽宜居乡村建设。遵循乡村自身发展规律，体现农村特点，注重乡土味道，保留乡村风貌，努力建设农民幸福家园。④推进农村劳动力转移就业创业和农民工市民化。健全农村劳动力转移就业服务体系，大力促进就地就近转移就业创业，稳定并扩大外出农民工规模，支持农民工返乡创业。⑤实施脱贫攻坚工程。实施精准扶贫、精准脱贫，因人因地施策，分类扶持贫困家庭，坚决打赢脱贫攻坚战。

（二） 城市协调发展现状

近年来，为缩减城乡差距、推动其协调发展，政府采取了一系列政策和措施：在增加农民收入方面，国务院 2006 年在全国范围内取消了农业税；在城乡教育方面，我国全面免除城乡义务教育阶段学生学杂费，并对农村学生和城市家庭经济困难学生免费提供教科书；在医疗卫生方面，我国 2012 年起启动新型农村社会养老保险和城镇居民社会养老保险制度全面覆盖工作。通过上述举措的实施，我国城市、农村经济与社会总体上均得到了快速的发展，但城乡间仍存在明显的不协调现象，主要体现在城乡居民收入、消费、教育投入、医疗卫生等方面。

1. 城乡居民收入差距现状

改革开放之初，我国城镇居民人均可支配收入与农村居民人均纯收入的差值为209.8元，2014年城镇居民人均可支配收入与农村居民人均纯收入的差值扩大到1.89万元，收入差距扩大90多倍。其中，2005年以来，我国城镇居民人均可支配收入、农村居民人均纯收入均有所增长，但前者的增长速度明显高于后者，且二者间的差距在逐年拉大。因此，我国城乡居民收入水平还存在较大差距，这也是城乡发展不协调的主要表现之一。

2. 城乡居民消费差距现状

恩格尔系数是用来反映居民消费水平的重要指标。1978年我国城镇居民恩格尔系数为57.5，2014年下降为36.0；1978年农村居民恩格尔系数为67.7，2014年下降为40.0。根据恩格尔定律，目前我国城镇居民消费由1978年的温饱水平改善为富裕水平，农村居民消费由1978年的贫困水平改善为小康水平。近年来，我国城镇居民恩格尔系数与农村居民恩格尔系数间的差值呈现降低趋势，由2005年的8.8下降为2014年的4.0，但我国农村居民的消费水平还较为落后。

3. 城乡教育投入差距现状

教育投入是城乡协调发展的重要组成部分。从教育发展水平来看，我国城乡间存在较大差距。例如，从2014年人均公共财政预算公用经费支出情况来看，全国普通小学为2241.83元，农村为2102.09元，低于全国平均水平；全国普通初中为3120.81元，农村为2915.31元，同样低于全国平均水平。由此可见，我国在城市和农村义务教育的投入方面存在较为明显的不均衡现象。

4. 城乡医疗卫生差距现状

在医疗卫生领域，我国城乡间的差距更为明显，这些差距主要表现如下。1980 年，城市、农村每千人口卫生技术人员数量分别为 8.03、1.81，1995 年数量分别为 5.36、2.32，2000 年数量分别为 5.17、2.41，2014 年数量分别为 9.18、3.64。1980 年、1995 年、2000 年、2014 年城市、农村每千人口卫生技术人员数量的比值分别为 4.44、2.31、2.15、2.52，这进一步说明我国医疗卫生领域的发展在城市增长较快，而农村增长较缓，二者间的差距在逐年拉大。

此外，除城乡居民收入、消费、教育投入、医疗卫生存在较大差距外，我国城乡间在社会保障、文化娱乐事业、产业结构、基础设施建设等方面也存在着明显的差距，在很大程度上使得城乡间的差距进一步拉大。

三、协调发展的案例实践

（一）国际案例：欧盟国家的区域协调发展

1. 欧盟国家的区域协调发展经验

20 世纪 80 年代以来，为了推进欧洲一体化进程的顺利进行，欧盟非常重视成员国之间以及成员国各地区之间的区域协调发展问题，并在解决这些问题方面做了大量的工作，积累了丰富的经验。

（1）多层次、网络状区域协调体系

区域协调协调体系既包括纵向上多层次的区域协调机构，又包括横向网络上的区域协调组织。在纵向上，欧盟形成了超国家、国家、地方等多个等级层次的区域协调体系，实现了各个层次的权利平衡和利益表达机制的畅通。对于超国家层次，欧盟针对成员国之间日益严重的区域问题，在其最重要的三个机构即欧盟委员会、欧洲理事会和欧洲议会中设置专门的职能机构和顾问机构。对于国家层次，其中央政府居于第二个层次，他们一般都拥有自身的一套区域政策，同时接受欧盟统一的区域政策的协调和整合。在横向上，欧盟的区域协调组织名目繁多，在整个区域协调政策的制定、执行和回馈过程中担当着重要的角色，日益彰显出公共部门、私营机构与第三部门的"合力"作用，即欧洲区域一体化并不主要是一种政府间制定条约的事务，而是一种社会进程。

（2）多样化区域协调模式

传统上，欧洲共同体以资本、技术（研发）与贸易作为标准，把区域发展的模式划分为蓝色香蕉带、南部阳光地带、东西轴线带，也就是所谓的发达地区、欠发达地区和边缘地区。然而，全球化、知识经济和信息时代的到来，带来了技术进步、大规模创新能力、劳动力培训的进步和资本的更高流动性，这使得社会经济得以重塑，由此导致了经济、社会、政治发展的空间变化，其结果是一些区域得以复兴，一些区域衰败下去，新的城市与区域经济网络出现以及跨边境的区域经济联系的凸显。在这种情况下，欧盟国家注重区域治理与区域发展模式的多样化发展，如首都与大都市经济圈的形成、老工业基地的衰退与振兴、新兴的中距离外围地区的崛起、远距离的边缘地区的发展等。

（3）多管齐下的区域协调手段

从本质上说，区域协调发展就是要借助政府干预的力量，逐步调控因市场失灵而带来的区域不平衡发展状态。作为成熟的市场经济共同体和法治社会，欧盟较好地处理了"看得见的手"与"看不见的手"在区域协调发展中的关系问题，形成了法制、经济和行政多管齐下的区域协调手段。首先，欧盟国家的区域协调政策是有法可依的，它奠基于宪政和相关的法律条文上。其次，欧盟区域协调发展的经济手段，集中体现在设计精细的多种扶持基金上面。最后，欧盟的区域差距调控不仅仅是钱的问题，而是利用这笔钱去做什么的问题，即其区域政策的成功取决于项目及其有效执行。

2. 启示与建议

基于欧盟国家的区域协调发展经验，结合我国特有的区域发展现状，现将相应的启示和建议总结如下：

（1）构建区域协调发展的法制基础

我国之所以尚未有真正意义上的区域协调政策，根本的原因在于我国在区域协调问题上仍是"人治"色彩较浓而"法治"不足。由于缺乏像欧盟国家那样完备的法律规范和制度基础，往往使区域政策出现变形和扭曲，导致政策执行中的"上有政策、下有对策"现象。

（2）设计多元化的区域协调发展模式

我国原来的"东部、中部、西部"的区域划分方法，有点类似于欧盟传统意义上的蓝色香蕉带、南部阳光地带和东西轴线带的分类标准，直观上说有发达区域、次发达区域、边远落后区域的区分，但实际上这种区域划分框架太过粗糙，不具有真正实施区域政策的意义。现阶段可进一步规范区域划分模式，并针对不同功能区域的实际问题，实行分类指导的区域发展模式。

（3）采用法律、经济、行政等多种区域协调手段

欧盟区域协调政策工具强而有力的原因在于其采用了法律、经济、行政等多管齐下的区域协调手段，而我国除了缺乏完备的法制基础外，区域协调发展过程中经济和行政手段也是残缺不全，问题较多。因此，借鉴欧盟区域协调发展的经验，重要的一点就是要建立法律、经济、行政相结合的区域协调手段。

（二）国内案例：全国统筹城乡综合配套改革试验区

2006年6月7日，国家发展和改革委员会下发通知，批准重庆市和成都市设立全国统筹城乡综合配套改革试验区。要求其全面推进各个领域的体制改革，并在重点领域和关键环节率先突破，大胆创新，尽快形成统筹城乡发展的体制机制，促进城乡经济社会协调发展。成都市作为全国统筹城乡综合配套改革试验区，坚持保障改善民生，促进社会和谐，通过全面、系统、深入的改革实践，在构建城乡经济社会发展一体化新格局、推动发展方式根本转变上取得了重要进展，初步形成了城乡同发展共繁荣的良好局面，相应的经验举措包括："三个集中"（推进工业向集中发展区集中、引导农民向城镇和农村新型社区集中、推进土地向规模经营集中）、农村产权制度改革、全域成都建设、行政管理体制改革等。

1. 以"三个集中"为核心

成都市在统筹城乡发展中，把"三个集中"作为推进城乡一体化的根本方法，以此联动推进新型工业化、新型城镇化和农业现代化。首先，按照走新型工业化道路的要求，制定了城乡一体的工业布局规划，通过制定引导政策和建立投资促进机制，强力推进工业向集中发展区集中。其次，遵循"因地制宜、农民自愿、依法有偿、稳步推进"的原则，科学规划建设城镇新型社区和农村新型社区，配套完善基础设施，梯度引导农民向城镇和二三产业集中。最后，以稳定农村家庭承包经营为基础，按照依法、自愿、有偿的原则，采取转包、租赁、入股等形式，稳步推进土地向农业龙头企业、农村集体经济组织、农民专业合作组织和种植大户等形式的规模经营集中，逐步实现农业的集体化集约化发展。

2. 农村产权制度改革

"三个集中"需要城乡一体的市场基础，对市场化配置资源水平的要求也越来越高，这使得农村产权制度改革成为统筹城乡发展的必然要求。成都农村产权制度改革的显著特点是市场化、资本化、一体化。市场化是指农民房屋、集体土地经营权、林权等都可以进入市场交易；资本化就是上述产权都可以像资本一样用来抵押贷款；一体化就是城乡之间生产要素流转（交易）没有障碍。这些都是对现行《土地管理法》和相关法律法规突破的一种尝试和探索。

3. 全域成都

为深化统筹城乡发展实践，成都市委、市政府提出以"全域成都"的理念推进试验区建设。"全域成都"的核心内容是统一规划和建设成都1.24万平方公里市域，形成"一区两带三圈层四基地"布局格局。"全域成都"强调在统筹城乡综合配套改革中，打破区域分割、城乡分割和行政体制障碍，按照经济发展规律和城市功能要求，实现要素和资源的市场化自由流动和优化配置。中心城区着重考虑更好地发展高端产业，如高新技术产业、现代服务业，周边区县则更好地承担制造业和居住功能、生态功能，但它们又不是分割的，而是城乡间、区域间紧密联系的一个有机体系。

4. 行政管理体制改革

长期以来，由于受城乡二元体制的影响，城乡管理上政出多门、职能交叉，一些公共管理和公共服务下不了乡。为此，成都市坚持自上而下，统筹整合行政资源，积极推进行政管理体制改革，主要包括如下改革措施。一是先后实施规划、农业、交通、水务、林业和园林等涉及 30 多个部门的行政管理体制改革，促进公共管理、公共行政、公共服务向农村覆盖。二是整市、县、乡三级财政支出结构，扩大公共财政覆盖农村的范围和领域，加大了市级财政对困难区（市）县的转移支付力度。三是在职能转变上，做到"三个强化、三个弱化"，即，按照完善社会主义市场经济体制和推进城乡一体化的要求，强化对本辖区内社会经济的规划、协调、服务职能，弱化直接参与生产经营的职能；强化城镇建设管理职能，弱化传统农业管理职能；强化公益事业发展职能，弱化事务性和技术性职能。

专栏 3-2

全国统筹城乡综合配套改革试验区

2006 年 6 月 7 日，国家发展和改革委员会下发通知，批准重庆市和成都市设立全国统筹城乡综合配套改革试验区。要求重庆市和成都市要从实际出发，根据统筹城乡综合配套改革试验的要求，全面推进各个领域的体制改革，并在重点领域和关键环节率先突破，大胆创新，尽快形成统筹城乡发展的体制机制，促进城乡经济社会协调发展，也为推动全国深化改革，实现科学发展与和谐发展，发挥示范和带动作用。

重庆市计划重点做好统筹城乡的七项工作：第一，着眼于统筹城乡劳动就业，大力推动农村富余劳动力转移。第二，着眼于统筹进城务工经商农民向城镇居民转化，大力加强农民工就业安居扶持工作。第三，

着眼于统筹城乡基本公共服务，逐步提高农民社会保障水平。第四，着眼于统筹国民收入分配，大力加强对"三农"发展的支持。第五，着眼于统筹城乡发展规划，大力推进生产力合理布局和区域协调发展。第六，着眼于统筹新农村建设，大力促进现代农业发展和农村基础设施改善。第七，着眼于统筹城镇体系建设，大力打造城镇群。重庆市还将在全市范围内有计划、分步骤、有重点地推进户籍制度、土地管理和使用制度、社会保障制度、公共财政制度、农村金融制度、行政体制等改革。

成都市下一步将重点在统筹城乡规划、建立城乡统一的行政管理体制、建立覆盖城乡的基础设施建设及其管理体制、建立城乡均等化的公共服务保障体制、建立覆盖城乡居民的社会保障体系、建立城乡统一的户籍制度、健全基层自治组织、统筹城乡产业发展等重点领域和关键环节率先突破，通过改革探索，加快经济社会快速健康协调发展。

资料来源：重庆成都将设全国统筹城乡配合配套改革试验区.2007-06-09.新华网

四、协调发展的数据分析

城乡一体化是一个动态的不断发展的历史过程，是实现区域协调发展的重要环节。要实现这一目标，需要科学地分析和反映城乡一体化的基本特征及动态变化规律。因此，本报告以"社会福利指数"为研究基础，从城乡一体化发展的基本内涵出发，制定地市城乡一体化评价指标体系，并对15个样本资源型城市的城乡一体化发展现状予以评价。

（一）城乡一体化的基本内涵

新中国成立之后，为了加快工业化进程，政府对粮食等农产品实行统购统销办法，使资源配置向城市、工业逐渐倾斜。改革开放后，在"效率优先，兼顾公平"发展原则的指导下，城市仍然是区域经济发展的重点，由此导致城市居民和农村居民在收入、消费、福利和社会保障等各方面存在着巨大的差距，并由此产生城乡二元结构问题。但近年来，城乡二元结构社会的局限性日益显现，现行的就业、财政、金融、社保、教育、户籍、税收体制等都不利于农村经济社会的发展，这就要求"十三五"时期全面实施协调发展理念，推进城乡统筹一体化发展。

　　城乡一体化是新型城镇化发展的必然要求，本报告从协调发展的高度，深刻阐释其科学内涵如下。首先，城乡一体化的前提条件是城市化、工业化、市场化和现代化已经达到比较高的水平，即城乡一体化综合发展度达到一定水平。其次，城乡一体化的核心是区域经济协调发展，即充分释放改革红利，全面提高农村劳动生产率。再次，城乡一体化的最终成果是解决城乡居民的不同国民待遇问题，让农民享有公平的国民待遇、完整的合法权益和平等的发展机会。

(二) 城乡一体化的评估体系

　　基于城乡一体化发展的上述内涵解析，本报告充分借鉴 1998 年诺贝尔经济学奖获得者阿马蒂亚·森的社会福利指数等研究，充分考虑评价指标体系完备性、可比性和可行性等原则，进一步确定城乡一体化发展度、差异度为主要内容评估指标体系，用来准确评估和全面反映城乡一体化的进程。此外，鉴于城乡一体化发展的重点在于消除城乡差异度，因此本报告将城乡差异度进一步划分为城乡一体化经济差异度和城乡一体化社会差异度两个维度。

1. 城乡一体化综合发展度

1）城市化发展水平。可用城市化率来测评。
2）经济综合发展水平。可用人均 GDP 来测评。
3）政府宏观调控能力。可用人均财政收入来测评。

2. 城乡一体化经济差异度

1）人均 GDP 差异。可用人均 GDP 标准差系数来测评。
2）劳动生产率差异。可用第一产业生产率与全社会劳动生产率比例测评。

3. 城乡一体化社会差异度

1）城乡二元结构系数。可用农村居民纯收入水平与城镇居民可支配收入水平的比例来测评。

2）城乡居民医疗保障差异。可用农村居民百人医生数与城镇居民百人医生数的比例来测评。

3）城乡居民失业率差异。可以用城镇和农村登记失业率的差距来测评。

（三）城乡一体化的区域分析

基于城乡一体化的上述评估指标体系，本报告以《中国城市统计年鉴2014》、《中国区域经济统计年鉴2014》以及相关地市2014年统计公报的数据为基础，对待评价城市的城乡一体化发展水平评估如下（表3-1）。

表3-1 15个样本资源型城市的城乡一体化水平

城市	城乡一体化综合发展水平	城乡经济一体化水平	城乡社会一体化水平	城乡一体化水平	绿色发展度	
					城市	排名
铜陵	0.662	0.640	0.801	0.701	本溪	1
马鞍山	0.504	0.512	0.693	0.570	抚顺	2
青白江	0.364	0.850	0.757	0.657	铜陵	3
本溪	0.622	0.784	0.858	0.755	枣庄	4
湘潭	0.179	0.589	0.665	0.478	阳泉	5
枣庄	0.289	0.827	0.915	0.677	攀枝花	6
平顶山	0.017	0.844	0.624	0.495	铜川	7
阳泉	0.284	0.924	0.816	0.675	青白江	8
抚顺	0.492	0.779	0.925	0.732	石嘴山	9
十堰	0.007	0.612	0.000	0.206	马鞍山	10
大同	0.196	0.904	0.556	0.552	大同	11
石嘴山	0.447	0.721	0.772	0.647	平顶山	12
大庆	0.609	0.000	0.592	0.400	湘潭	13
铜川	0.388	0.916	0.691	0.665	大庆	14
攀枝花	0.461	0.816	0.719	0.666	十堰	15

基于上述评估结果，在15个样本资源型城市中，城乡一体化发展水平最高的5个城市为本溪、抚顺、铜陵、枣庄、阳泉。这些城市在统筹城乡发

展过程中关注城镇和农村的公共服务一体化建设。然而，城乡一体化发展水平较低的 5 个城市为大同、平顶山、湘潭、大庆、十堰。这些城乡一体化发展水平较低的城市在"十三五"期间应高度重视城镇化的协调发展问题。

对于 15 个样本资源型城市的城乡一体化综合发展水平，报告在评估过程中发现铜陵、本溪和大庆的一体化综合发展水平较高（图3-1），这些城市高度重视城镇化过程中的区域协调和新农村建设水平的综合提升。

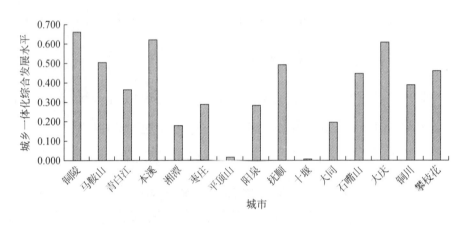

图 3-1　15 个样本资源型城市的城乡一体化综合发展水平

对于 15 个资源型城市的城乡经济一体化水平，报告在评估过程中发现阳泉、铜川、大同、青白江等城市的城乡经济一体化水平较高（图3-2），这些城市在城镇化过程中，强调农村和城镇经济的协调发展。

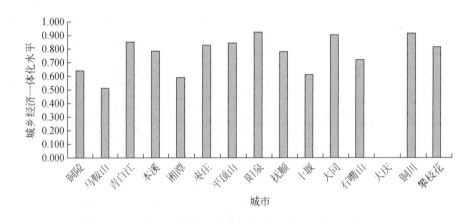

图 3-2　15 个样本资源型城市的城乡经济一体化水平

对于 15 个资源型城市的城乡社会一体化水平，报告在评估过程中发现抚顺、枣庄、本溪等城市的城乡社会一体化水平较高（图3-3），这些城市在城镇化过程中，强调农村和城镇社会和公共服务的协调发展。

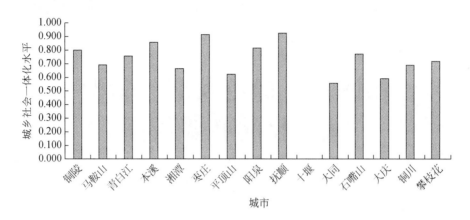

图 3-3　15 个样本资源型城市的城乡社会一体化水平

第四章　绿色发展：新型城镇化的必要条件

　　绿色是进一步实现跨越发展的必要条件，着力解决的是人与自然和谐问题。绿色发展关注发展的质量，是加快推进生态文明建设的进一步深化。习近平指出，建设生态文明，关系人民福祉，关乎民族未来，只有坚持绿色发展，我国经济社会的可持续发展才有依托，人民群众的健康生活才有保障。

　　坚持绿色发展，就是要正确处理好经济发展同生态环境保护的关系，牢固树立保护生态环境就是保护生产力、改善生态环境就是发展生产力的理念，更加自觉地推动绿色发展、循环发展、低碳发展。坚持绿色发展，就是要把生态文明建设融入经济建设、政治建设、文化建设、社会建设各方面和全过程，形成节约资源、保护环境的空间格局、产业结构、生产方式、生活方式。坚持绿色发展，就是要用严格的法律制度保护生态环境，加快建立有效约束开发行为和促进绿色发展、循环发展、低碳发展的生态文明法律制度。

一、绿色发展的概念内涵

（一）绿色发展概念源起

　　绿色发展理念和理论来源于三方面：一是中国古代"天人合一"的智慧，成为现代的天人合一观，即源于自然，顺其自然，益于自然，反哺自然，人类与自然共生、共处、共存、共荣，呵护人类共有的绿色家园；二是马克思主义自然辩证法，成为现代的唯物辩证法；三是可持续发展，成为现代工业文明的发展观。三者交融，三者贯通，最终集古代、现代的人类智慧之大成，融东西方文明精华于一炉，形成绿色哲学观、自然观、历史观和发展观。绿色发展观的本质充分体现在"坚持以人为本，树立全面、协调、可持续的发展观，促进经济社会和人的全面发展"。因此，绿色发展的概念是一个历史演变的过程，先后分别经历经济发展、可持续发展、全面综合发展、绿色发展等发展阶段。

1）经济发展。一个国家摆脱贫困落后状态，走向经济和社会生活现代化的过程即称为经济发展。经济发展不仅意味着国民经济规模的扩大，更意味着经济和社会生活水平的提高。它还没有涉及保护环境和可持续发展。

2）可持续发展。这是 1987 年世界环境与发展委员会提出的发展战略。可持续发展是指既能满足当代人的需要，又不对后代人满足其需要的能力构成危害的发展。形象地讲，可持续发展是"不断子孙路"，当代人的发展不要给后代人留下后遗症或不良生态资产。它还没有体现"前人种树，后人乘凉"，给后人留下更多的生态资产这种理念。

3）全面综合发展。这是 1998 年世界银行提出的发展思路。全面综合发展是指发展意味着整个社会的变革，是促进各种传统关系、传统思维方式、传统生产方式朝着更加"现代"的方向转变的变革过程。21 世纪的发展任务就是促进社会转型，促进人类发展，不仅提高人均 GDP，而且还将提高以健康、教育、文化水准为标志的人的生活质量，消除绝对贫困，改善生态环境，促进人类可持续发展。

4）绿色发展。这是 2002 年联合国开发计划署在《2002 年中国人类发展报告：让绿色发展成为一种选择》中首先提出来的，报告阐述了中国在走向可持续发展的十字路口上所面临的挑战。中国目前城市现代化发展的速度之快，在人类历史上前所未有，其实现绿色发展的目标将会遇到极大的挑战，需要一整套政策和实践相配合，其规模之宏大、程度之复杂在人类历史上前所未有。

（二）绿色发展理论解析

绿色发展是以效率、和谐、持续为目标的经济增长和社会发展方式。我们每一个人、每一个家庭、每一个政府部门都应该身体力行，节能减排，推动低碳经济。当今世界，绿色发展已经成为一个重要趋势，许多国家把发展绿色产业作为推动经济结构调整的重要举措，突出绿色的理念和内涵。本报告所论述的绿色发展理念是把马克思主义生态理论与当今时代发展特征相结合，又融汇了东方文明而形成的新的发展理念，是将生态文明建设融入经济、环境、政治、文化、社会建设各方面和全过程的全新发展理念。

首先，绿色经济理念是指基于可持续发展思想产生的新型经济发展理念，致力于提高人类福利和社会公平。"绿色经济发展"是"绿色发展"的物质基础，涵盖了两个方面的内容，即经济要环保和环保要经济。习近平总书记曾指出，我们既要绿水青山，也要金山银山。宁要绿水青山，不要金山银山，而且绿水青山就是金山银山。促进人与自然和谐共生，构建科学合理的城市化格局、农业发展格局、生态安全格局、自然岸线格局，推动建立绿色低碳循环发展产业体系。

其次，绿色环境理念是指通过合理利用自然资源，防止自然环境与人文环境的污染和破坏，保护自然环境和地球生物，改善人类社会环境的生存状态，保持和发展生态平衡，协调人类与自然环境的关系，以保证自然环境与人类社会的共同发展。习近平曾指出："建设生态文明，关系人民福祉，关乎民族未来"。"良好的生态环境是最公平的公共产品，是最普惠的民生福祉"。

再次，绿色政治理念是指政治生态清明，从政环境优良。习近平指出："自然生态要山清水秀，政治生态也要山清水秀。严惩腐败分子是保持政治生态山清水秀的必然要求。党的十八届五中全会《公报》明确指出："要坚持全面从严治党、依规治党，深入推进党风廉政建设和反腐败斗争，巩固反腐败斗争成果，健全改进作风长效机制，着力构建不敢腐、不能腐、不想腐的体制机制，着力解决一些干部不作为、乱作为等问题，积极营造风清气正的政治生态。"

随后，绿色文化理念是与环保意识、生态意识、生命意识等绿色理念相关的，以绿色行为为表象的，体现了人类与自然和谐相处、共进共荣共发展的生活方式、行为规范、思维方式以及价值观念等文化现象的总和。当前推动绿色文化繁荣发展的主要举措包括：要树立绿色的世界观、价值观文化；要树立绿色生活方式和消费文化；要树立绿色 GDP 文化，不能把 GDP 作为衡量经济发展的唯一指标。

最后，绿色社会理念是生机活力和生命健康的体现，是稳定安宁和平的心理象征，是社会文明的现代标志。《国家新型城镇化规划（2014—2020年)》提出，要加快绿色城市建设，将生态文明理念全面融入城市发展，构建绿色生产方式、生活方式和消费模式。绿色社会成为一种极具时代特征的历史阶段，辐射渗入到经济社会的不同范畴和各个领域，引领着 21 世纪的时代潮流。

（三）绿色发展与新型城镇化

城镇化是现代化建设的历史任务，也是扩大内需的最大潜力所在。以生态文明理念为指导，走绿色低碳发展的路径，已经成为新型城镇化发展的必由之路。当前我国正处于新型城镇化快速发展阶段，产业及人口的聚集，带来新的经济增长点的同时，也带来日益严重的生态环境问题。2013 年年底，中央经济工作会议提出"要把生态文明理念和原则全面融入城镇化全过程，走集约、智能、绿色、低碳的新型城镇化道路"的"八字方针"，为新型城镇化的推进赋予了新的内涵，指明了发展方向。李克强总理也曾指出："我们要实现的新型城镇化，必然是生态文明的城镇化。要以节能减排作为结构调整和创新转型的重要突破口，加快发展循环经济、节能环保和绿色低碳产业。"如何在新型城镇化进程中，坚持"集约、智能、绿色、低碳"的发展路径，需坚持如下几点发展建议：

首先，在体制、机制建设方面，要注重城镇化建设过程中的产业规划和产业政策的引导，把节能环保产业作为重点发展领域，纳入地方国民经济和社会发展中长期规划，明确新型城镇化的产业发展方向、目标定位、空间布局、重点任务与配套措施，引导节能环保产业快速发展。

其次，在发展突破口选择方面，要严格按照《国家环境保护"十二五"规划》和《国家新型城镇化规划（2014—2020年）》要求，在积极推进主要污染物减排，加快淘汰各地落后产能的同时，选择光伏产业、新光源、新型建材、资源综合利用、环保装备、环保产品、新能源汽车、节能环保服务业等领域加以重点培育。

最后，在政策措施方面，应从法规体系建设、环境经济政策多方面给予保障，各级政府要尽快制定和完善支持节能环保产业快速发展的财政、税收、用地、技术、金融等扶持政策，要进一步加大制度创新的力度，通过管理体制、机制的不断改进，形成更加有效的监督管理机制。

总之，建设节约环保型社会已经成为城镇化发展进步的新方向，当前应紧紧围绕提高城镇化质量这个关键，根据自身的优势所在，找准助推的切入点，大力发展节能、环保、低碳产业，致力走绿色环保的新型城镇化之路。

二、绿色发展的现状解析

（一）国家顶层设计

绿色发展把促进人与自然和谐发展作为价值取向，坚持以绿色低碳循环为主要原则，以生态文明为基本准则，是深刻总结国内外发展经验教训、分析国内外发展大势基础上形成的智慧结晶，对推进经济社会可持续发展具有重要指导意义。国务院及其相关部门高度重视绿色发展问题，已经从国家规划的顶层设计层面，对可持续发展、生态文明、环境保护等问题予以论证和规划。

1. 可持续发展战略

可持续发展是20世纪80年代应时代变迁、社会经济发展需要而产生的新发展观。1989年5月举行的第15届联合国环境署理事会通过《关于可持续发展的声明》，并将可持续发展定义为满足当前需要而又不削弱子孙后代满足其需要之能力的发展。中国政府于1991年发起并在北京召开了发展中国家环境发展部长级会议，并在 1994 年讨论通过《中国 21 世纪议程》，确定可持续发展战略，提出促进经济、社会、资源、环境及人口、教育相互协调，可持续发展的总体战略和有关政策、措施方案，其涉及的核心问题主要包括如下几个方面：

（1）人口问题

人口增加及其带来的不可持续消费型态给地球生命支持能力带来诸多压力，这些压力的相互作用过程对土地、水、空气、能源和其他资源的使用造成影响，即人口问题是制约可持续发展的首要问题，是影响经济和社会发展的关键因素。对于人口问题，"可持续发展战略"强调应在可行的范围内尽早达成以下目标：将人口趋势和因素纳入环境与发展问题的全球性分析；促进对人口动态、技术、文化行为、自然资源和生命支持系统之间的关系有更深入的了解；评估人类在生态敏感地区和人口中心的脆弱性，以决定所有各级行动的优先次序；以适度的人口总量，较高的人口素质，优化的人口结构，来减轻人口对资源环境的压力，改善人与自然的关系，促进人口与社会经济，环境资源的协调和可持续发展。

（2）资源问题

自然资源包括水资源、森林资源、矿产资源、土地资源、海洋资源等。我国自然资源特点为：丰富多样、潜力巨大；资源的地域组合各有所长；人均资源占有量低；主要资源地区分布不平衡。据有关部门统计，我国森林资源急剧减少，由于大量砍伐森林，致使森林覆盖率仅仅达到13.4%，只有世界人均水平的11%，森林的破坏，使生态环境恶化，促进了水土流失，全国的水土流失量占世界总流失量的1/57，土地沙漠化加剧。此外，我国是当今世界第二大能源生产国和第二大能源消费国。能源需求的持续增长与能源供给之间产生了巨大的矛盾，我国的石油供需矛盾日益突出，关系到国家的能源战略安全，解决大规模石油短缺问题将是我国能源战略的一个极为重要的问题。

（3）环境问题

环境保护是可持续发展的重要方面。可持续发展的核心是发展，但要求在严格控制人口、提高人口素质和保护环境、资源永续利用的前提下进行经

济和社会的发展。当前我国可持续发展环境问题主要存在如下几个方面：很
难制定和实施资源的所有权和使用权；某些从环境中获取的资源不能市场
化；个人、私营公司和各社区团体缺乏有关环境影响和避免环境破坏的低成
本办法的信息；由于政府的政策高度规范容易导致效益低下，从而破坏环境
的发展；由于有着个人、集体、社会等原因，环境保护会出现水污染和水资
源短缺，能源问题和大气污染、粮食问题和森林及草原退化，生物的多样性
减少等问题。

2. 生态文明建设

生态文明建设是关系人民福祉，关乎民族未来，实现绿色发展的重要战
略。中国政府高度重视生态文明建设，先后出台了一系列重大决策部署，但
总体上看我国生态文明建设水平仍滞后于经济社会发展，资源约束趋紧，环
境污染严重，生态系统退化，发展与人口资源环境之间的矛盾日益突出，并
已成为经济社会可持续发展的重大瓶颈制约。

2015 年《中共中央、国务院关于加快推进生态文明建设的意见》指出，
到 2020 年资源节约型和环境友好型社会建设取得重大进展，主体功能区布
局基本形成，经济发展质量和效益显著提高，生态文明主流价值观在全社会
得到推行，生态文明建设水平与全面建成小康社会目标相适应。鉴于此，报
告将对生态文明建设的具体要求总结如下：①国土空间开发格局进一步优
化，经济、人口布局向均衡方向发展，陆海空间开发强度、城市空间规模得
到有效控制，城乡结构和空间布局明显优化；②资源利用更加高效，能源消
耗强度持续下降，资源产出率大幅提高，用水总量力争控制在 6700 亿立方
米以内，万元工业增加值用水量降低到 65 立方米以下；③生态环境质量总
体改善，主要污染物排放总量继续减少，大气环境质量、重点流域和近岸海
域水环境质量得到改善，饮用水安全保障水平持续提升，土壤环境质量总体
保持稳定，环境风险得到有效控制；④生态文明重大制度基本确立，基本形
成源头预防、过程控制、损害赔偿、责任追究的生态文明制度体系，自然资
源资产产权和用途管制、生态保护红线、生态保护补偿、生态环境保护管理
体制等关键制度建设取得决定性成果。

专栏 4-1

2015 年习近平关于生态文明重要论述

新农村建设一定要走符合农村实际的路子，遵循乡村自身发展规律，充分体现农村特点，注意乡土味道，保留乡村风貌，留得住青山绿水，记得住乡愁。经济要发展，但不能以破坏生态环境为代价。生态环境保护是一个长期任务，要久久为功。一定要把洱海保护好，让"苍山不墨千秋画，洱海无弦万古琴"的自然美景永驻人间。

———2015 年 1 月 20 日，在云南考察工作时指出

要把生态环境保护放在更加突出位置，环境就是民生，青山就是美丽，蓝天也是幸福。要着力推动生态环境保护，像保护眼睛一样保护生态环境，像对待生命一样对待生态环境。对破坏生态环境的行为，不能手软，不能下不为例。

———2015 年 3 月 6 日，在参加江西代表团审议时强调

植树造林是实现天蓝、地绿、水净的重要途径，是最普惠的民生工程。要坚持全国动员、全民动手植树造林，努力把建设美丽中国化为人民自觉行动。

———2015 年 4 月 3 日，在参加首都义务植树活动时强调

这里是一个天然大氧吧，是"美丽经济"，印证了绿水青山就是金山银山的道理。

———2015 年 5 月 25 日，在浙江舟山农家乐小院考察调研时表示

协调发展、绿色发展既是理念又是举措，务必政策到位、落实到位。要科学布局生产空间、生活空间、生态空间，扎实推进生态环境保护，让良好生态环境成为人民生活质量的增长点，成为展现我国良好形象的发力点。

———2015 年 5 月 27 日，在浙江召开华东 7 省市党委主要负责同志座谈会时指出

要正确处理发展和生态环境保护的关系，在生态文明建设体制机制改革方面先行先试，把提出的行动计划扎扎实实落实到行动上，实现发展和生态环境保护协同推进。

——2015 年 6 月 16 日至 18 日，在贵州考察调研时指出

"要把环境问题突出、重大环境事件频发、环境保护责任落实不力的地方作为先期督察对象，近期要把大气、水、上壤污染防治和推进生态文明建设作为重中之重，重点督察贯彻党中央决策部署、解决突出环境问题、落实环境保护主体责任的情况"。"形成政府主导、部门协同、社会参与、公众监督的新格局"，"推动领导干部守法守纪、守规尽责，促进自然资源资产节约集约利用和生态环境安全。"

——2015 年 7 月 1 日，主持召开中央全面深化改革领导小组
第十四次会议并发表重要讲话

要大力推进生态文明建设，强化综合治理措施，落实目标责任，推进清洁生产，扩大绿色植被，让天更蓝、山更绿、水更清、生态环境更美好。

——2015 年 7 月 16 日至 18 日，在吉林调研时指出

"十三五"时期我国发展，既要看速度，也要看增量，更要看质量，要着力实现有质量、有效益、没水分、可持续的增长，着力在转变经济发展方式、优化经济结构、改善生态环境、提高发展质量和效益中实现经济增长。

——2015 年 11 月 3 日，在关于《中共中央关于制定国民经济和社会发展
第十三个五年规划的建议》的说明中提出

我们将把生态文明建设融入经济社会发展各方面和全过程，致力于实现可持续发展。我们将全面提高适应气候变化能力，坚持节约资源和保护环境的基本国策，建设天蓝、地绿、水清的美丽中国。

——2015 年 11 月 18 日，在亚太经合组织工商领导人
峰会上发表主旨演讲强调

"万物各得其和以生，各得其养以成。"中华文明历来强调天人合一、尊重自然。面向未来，中国将把生态文明建设作为"十三五"规划重要

内容，落实创新、协调、绿色、开放、共享的发展理念，通过科技创新和体制机制创新，实施优化产业结构、构建低碳能源体系、发展绿色建筑和低碳交通、建立全国碳排放交易市场等一系列政策措施，形成人和自然和谐发展现代化建设新格局。

——2015 年 11 月 30 日，在气候变化巴黎大会开幕式上的讲话

3. 环境保护基本国策

环境保护是指人类为解决现实或潜在的环境问题，协调人类与环境的关系，保护人类的生存环境、保障经济社会的可持续发展而采取的各种行动的总称。2014 年新修订的《环境保护法》第四条规定：保护环境是国家的基本国策。国家采取有利于节约和循环利用资源、保护和改善环境、促进人与自然和谐的经济、技术政策和措施，使经济社会发展与环境保护相协调。修订的《环境保护法》将"环境保护"提升至新的高度，在内容上有许多突破和创新。

首先，在理念创新层面，《环境保护法》将"推进生态文明建设、促进经济社会可持续发展"列入立法目的，将保护环境确立为国家的基本国策，将"保护优先"列为环保工作要坚持的第一基本原则。同时明确提出要促进人与自然和谐，突出强调经济社会发展要与环境保护相协调。过去是强调环境保护与经济发展相协调，一个顺序的改变意味着理念、观念的重大调整和提升。

其次，在完善制度方面，《环境保护法》提出要建立健全一系列新的环境管理制度，提出要建立健全资源环境承载能力监测预警制度，环境与健康监测、调查与风险评估制度，划定生态保护红线制度，生态保护补偿制度，环保目标责任制和考核评价制度，污染物排放总量控制制度，排污许可管理制度，环境监察制度，信息公开和公众参与制度等。

最后，在强化保障方面，《环境保护法》提出了一些新要求、新措施，进一步明确了各方的责任，并且明确规定了一些约束和处罚的措施。比如说对违法排放污染物企业，政府相关部门可以查封、扣押设施设备。在经济处罚方面，罚款可按日处罚、上不封顶，对于违规企业的相关责任人可以进行

行政拘留；构成犯罪的，可以追究刑事责任。

（二）城市绿色发展现状

随着城镇基础设施建设和产业布局调整，我国城镇化水平进入快速发展的时期，城镇化率由 2005 年的 42.99% 提升至 2014 年的 54.77%。但在快速城镇化发展的道路上，资源、环境问题已经成为不容忽视的大问题，这直接关系到未来中国城市增长的可持续性问题。由北京师范大学经济与资源管理研究院等单位发布的《2015 中国绿色城市发展研究报告》对中国绿色城市建设现状进行分析发现，我国 160 个城市的绿色度总体平均分只有 65 分，反映了我国建设绿色城市的现状整体上和理想状态尚有较大差距，绝大多数城市仍处于建设绿色城市的"探索期"，仅有北上广深等发达城市处于绿色城市建设的"发展期"。从单个指标看，我国绿色城市建设最大的短板是人均绿地面积，160 个城市在该指标的平均得分仅为 30.2 分，160 个城市平均的人均绿化面积仅为 28 平方米，而标杆城市的人均绿化面积为 80 平方米，是我国的 2 倍多。基于上述研究结果，本报告进一步将我国城市绿色发展问题的主要原因总结如下：

1. 城市环境污染问题严重

随着我国城市化进程加快，人口向城市迁移，机动车保有量急剧增加，城市环境所承受的压力加大，在传统的可吸入颗粒物（PM10）和总悬浮颗粒物污染未全面解决的情况下，京津冀、长江三角洲、珠江三角洲等城市集中地区出现了严重的可入肺细颗粒物（PM2.5）污染。城市工业生产、交通运输、商业和居民生活排放出大量的 SO_2、NO_x、CO 等有害气体和烟尘，是污染的主要来源，这与我国以煤炭为主的能源消费结构和机动车保有量的迅猛增加高度相关。

2. 城市生态资源利用效率低

城市生态系统的分解功能不全，大量的物资和能源以废物的形式输出，循环利用效率低，浪费严重。我国城市生活垃圾分类及循环综合利用水平低，目前已有三分之二的大中城市陷入垃圾包围之中。城市生态环境恶化。城市自然植被覆盖率较低，钢筋水泥面积不断扩大，生态超载现象严重。城市水体污染严重，地表水和地下水都受到严重污染。

3. 城市能源消费水平持续升高

我国终端能源消费绝大部分在城市里发生，城市能源消费量从 1996 年的 12.5 亿吨标准煤增长到 2015 年的近 40 亿吨标准煤。然而，城市能源消费结构清洁化程度低，有 70% 以上是煤炭，清洁化石能源天然气的比重仅占 4%，电力也仅占 6%，而且这一问题在人口聚集度较高的中东部地区更为严重。在排放量一定的情况下，人口密度增大会加剧环境污染对人们健康的损害程度。

三、绿色发展的案例实践

（一）国际案例：美国加利福尼亚州伯克利低碳生态城

1. 基本概况

伯克利位于美国西海岸加利福尼亚州中部偏北，东部依阿巴拉契亚山而建，西部濒临太平洋的旧金山湾，占地 27 平方千米，总人口 10 万多人。伯克利的低碳生态建设几乎涵盖交通、绿色空间、基础设施、绿色建筑、土地利用及用地布局、公民环保意识、废物再生利用、能源与水资源、环境保护等诸多层面。

2. 案例简介

伯克利低碳生态城的土地利用与用地布局模式贯彻生态保护理念，推广混合式用地、集中布局原则，最大限度发挥土地价值。倡导"步行口袋"，主张在半径约 400 米、5 分钟步行范围内采用紧凑的布局，社区内部基本以步行方式为主，建设平衡的多功能区域，人们可步行上班、购物并娱乐。伯克利低碳生态城注重绿色空间均质分布，小区周围布置有大量公园、绿地等游憩资源。生态城强调能源节约利用，使用隔热绝缘材料、再生能源、太阳能热水器、太阳能空气加热器、被动和主动节能系统、太阳能和其他能源温室等，并通过编制相关规范完善强化能源节约计划，提倡依靠就近出行而非交通运输实现可达性，鼓励公共交通，推广公交、自行车绿色出行，减少对私人汽车的依赖。生态城保持城市内部水面率，保护自然开敞水面，在建筑密集度高的闹市区，将河道上方的道路空间功能转化为步行空间，颁布法规及保护基金保护水环境。此外，伯克利拥有完备的排水系统，400英里①的污水处理管道和58英里的雨水排放管道，依靠专门设立的基金对其进行周期性维护、检测、修理。

3. 案例启示

低碳生态城市建设的目的是探寻城市与自然和谐、可持续发展的路径，对比美国加利福尼亚州伯克利低碳生态城的成功实践案例，本报告将其案例启示总结如下。

（1）关注生态城的建设尺度

低碳生态城市建设的目的是探寻城市与自然和谐、可持续发展的路径，建设主要从城市、社区及建筑三个尺度进行，既包括新建地区的新城开发，又涵盖已建城区的旧城改造。国外案例在城市—社区—建筑多个尺度均有涉及，既有德国慕尼黑、丹麦哥本哈根、澳大利亚悉尼等城市尺度，又有芬兰维累斯、伦敦贝丁顿、瑞典哈马碧等社区尺度。目前，国内低碳生态城市建设更多关注的是在新城示范区建设，其特点是见效快，但中国进行低碳生态城市的发展重点及趋势最终还是要回归到已建城区的低碳生态化改造。

（2）强调生态城的实现途径

低碳生态城市的实现主要从以下几方面入手，包括绿色交通系统、生态环境保护建设、绿色空间、基础设施、绿色建筑、土地利用与空间布局、公民环保意识、政府支持、规章制度制定、规划衔接、街道安全和人性化需求、能源利用、废物再生利用、水资源管理、环境保护等，需要统筹协调城

---

① 1英里约为1.609千米

市能源保护、土地利用、交通支撑、能源保护与资源配置等多个方面。基于对国内外典型低碳生态城市案例分析与比较，总结归纳得出低碳生态城市建设的重点。

（3）具有完备的保障机制

在制定法律及规章制度方面，政府机构应出台相关法令或标准和设立基金等方式保障低碳生态城市建设，制定技术标准与规范，实现有理可循的建设与管理，保证各项规划策略落到实处。在建立量化指标体系方面，指标体系要与规划方案及实施策略紧密结合，具有针对性和可操作性，能够有效指导和协助生态城的规划、设计、建造及运行，指导并保障低碳生态城理念与技术的具体实施。

（二）国内案例：中新天津生态城建设

中新天津生态城是中国和新加坡政府间的战略合作项目，位于天津滨海新区，是国务院批复的第一个国家绿色发展示范区，也是世界上第一个国家间合作开发的生态城区。2008年9月正式开工建设。合作之初，两国政府签订的规划面积是30平方千米，规划人口35万人，预期用10~15年时间基本建设完成。

1. 治理环境重建生态

经过6年的开发建设，昔日的盐碱荒地蜕变成绿意盎然的城市绿洲，道路两侧绿树成荫，住宅小区景观怡人，商业与产业活动也相继启动。生态城的原址是由1/3的盐碱荒滩、1/3的废弃盐田，还有1/3被污染的水面构成的。如今盐碱荒地上有了310多平方米的绿化景观，积存40多年工业污染的污水库变成了清净湖，并探索出一条综合开发利用盐碱荒滩路径。

2. 打造三大绿色亮点

绿色建筑、绿色交通、绿色能源是生态城打造三大亮点。目前，中新天津生态城已经建设了560万平方米的生态住宅、公共建筑、商业设施、产业园区，绿色建筑比例保持100%，绿色建筑建设规模占天津市的50%左右。

生态城太阳能发电、风力发电、太阳能供热水、地源热泵等四种绿色能源已经陆续投入运行，为居民带来低碳舒适的生活体验。生态城 8 平方千米起步区内，轨道交通、清洁能源公交和慢行体系各司其职，逐次开通的免费公交也极大地方便了居民们"出城"和"环城"的需求。

3. 推进绿色产业创新

中新天津生态城除了在建设过程中，在基础设施、环境治理、公共设施、产业园区、生态住宅方面进行了积极探索，打造了一系列"看得见的生态"。同时也在制度、政策、技术、标准、指标方面大胆创新，形成了一系列"看不见的生态"。目前，中新天津生态城确立了绿色发展的目标定位和指标引领下的城市建设路径；初步形成合理的生产、生活、生态空间格局；形成以文化产业、信息技术、节能环保、金融服务为主导的绿色产业聚集态势；全部建筑达到绿色建筑标准，全面开发利用可再生能源，非传统水利用形成规模，生态环境显著改善；建立了中新合作、政企分开、市场运作的城市建设管理新模式。

4. 借鉴先进居住模式

中新天津生态城借鉴新加坡的城市建设经验，建立了规范化、标准化的"生态小区—生态社区—生态片区"三级居住模式，并且在城市节能减排和资源利用方面进行大量的探索和实践。所有住宅全部安装太阳能热水器，绝大部分公共建筑采用地热制冷和制热，可再生能源利用率达到 20% 以上；构建雨水、再生水、淡化海水为主的非传统水资源利用体系，非传统水利用量超过了 30%。同时，生态城的垃圾实行了 100% 的分类，厨余垃圾资源化利用率也达到了 100%。

（三）地区案例：青白江生态区建设

地处四川省成都市北郊的青白江区，曾因辖区内大大小小的钢铁、化工、建材等企业遍布而成为远近闻名的污染重灾区。为消除这种负面影响，自 2005 年年初开始，青白江区把"生态立区"作为区域发展战略核心，高起点、高标准编制生态建设与产业发展系统规划，坚定不移地走新型工业化、新型城镇化和农业现代化联动发展之路，充分凝聚发展活力、注重提升发展质量、有效兼顾发展公平，经过几年奋力拼搏，终于使生态环境发生了翻天覆地的变化，实现了现代产业体系和生态城市建设的深度融合，其主要发展经验总结如下：

1. 注重生态城市建设的集约性

推进生态城市建设不是单纯追求大耗钱财的高品质绿化，而是注重经济实用、功能优先，以最少的人力、资金、资源和能源投入获取最大的生态环境和社会效益。青白江区在"十二五"期间，按照"环城绿带、道路绿网、水系网络、公园绿心、防护林带"的总体规划，高效利用市政市容财政预算，在有效的城市空间范围内，实施"绿肾"、"绿肺"、"绿屏"、"绿廊"、"绿墙"工程，初步形成"七横七纵"的城市道路绿网，截至2015年，青白江主城区建城区绿化覆盖率接近50%。

2. 坚持企业、城市、农村联动建设

青白江区始终把城乡联动作为生态建设的根本方法，狠抓企业节能减排、城乡环境综合治理等各项工作，以经济发展方式的迅速转变为出发点，从源头上改善区域生态环境。首先，青白江区严把项目准入关，大力发展低能耗、低排放、低污染的绿色产业，对不符合环保要求的项目，严格实行"一票否决"制。其次，该区大力发展循环经济，鼓励和支持企业淘汰落后产能，先后督促企业完成总投资10.9亿元的节能技改项目11个，强制关闭治理达标无望的企业21家。最后，青白江区全面开展场镇风貌整改、农贸市场整改、标准化公厕建设、街道行道绿化等工作，完成城区30余条中小街道改造，配套建设了30个社区回收网点，初步形成覆盖全区的再生资源回收体系。

3. 积极培育和发展高端产业

青白江以建设成都北部"千亿生态产业城"为目标，大力实施高端发展

战略，调结构、提质量、促创新三措并举直奔"微笑曲线"两端，努力实现
生态建设与现代产业的协调发展。首先，青白江区围绕成都市委确定的主导
产业定位，着力培育新能源装备制造、高性能纤维复合材料、商用车制造、
新型住宅研发生产、精品钢材等五大战略性新兴产业和高端制造业集群。其
次，青白江以西部地区最大的国际铁路物流枢纽功能区建设为抓手，大力发
展国际多式联运、保税物流、物流信息化、供应链管理等高附加值物流项
目，基本形成"国际一流、国内领航"的区域现代物流服务体系。最后，青
白江积极发展都市型现代农业，通过激活土地资源等生产要素，大力发展现
代生态农业、设施农业和有机养殖。

四、绿色发展的数据分析

绿色发展是在传统发展基础上的一种模式创新，是建立在生态环境容
量和资源承载力的约束条件下，将环境保护作为实现可持续发展重要支柱
的一种新型发展模式。当前，我国政府正在认识到城市化的推进过程，带
来了一系列的资源、环境问题。如果没有一个系统的评价体系来评价这些
问题，这些问题就很难被有效的监测与控制。因此，本报告将从绿色发展
的资源利用问题、环境保护问题、城市绿化问题出发，通过构建相应的评
价指标体系（表4-1），以对15个样本资源型城市的绿色发展现状进行
评估。

表4-1 城市绿色发展度评价指标体系

一级指标	二级指标	三级指标
城市绿色发展度	资源利用水平	万元GDP电耗
		万元GDP水耗
	环境保护水平	污水处理厂集中处理率
		工业固体废弃物综合利用率
	城市绿化水平	生活垃圾无害化处理率
		建成区绿化覆盖率

城市绿色发展度评价指标体系的各个二级维度指标均包含了数个可获取

的具体指标。鉴于此，本报告以《中国城市统计年鉴 2014》、《中国区域经济统计年鉴 2014》以及相关地市 2014 年统计公报的数据为基础，对待评价城市的绿色发展现状进行了评估（表4-2）。

表4-2　15 个样本资源型城市的绿色发展度

城市	资源利用水平	环境保护水平	城市绿化水平	绿色发展度	绿色发展度	
					城市	排名
铜陵	0.211	0.613	0.962	0.595	本溪	1
马鞍山	0.246	0.562	0.940	0.583	石嘴山	2
青白江	0.193	0.749	0.903	0.615	铜川	3
本溪	0.698	0.345	0.999	0.681	青白江	4
湘潭	0.136	0.736	0.907	0.593	铜陵	5
枣庄	0.002	0.870	0.903	0.592	平顶山	6
平顶山	0.136	0.837	0.809	0.594	大庆	7
阳泉	0.278	0.286	0.595	0.386	湘潭	8
抚顺	0.475	0.144	0.918	0.513	枣庄	9
十堰	0.169	0.454	0.900	0.508	马鞍山	10
大同	0.236	0.610	0.429	0.425	攀枝花	11
石嘴山	0.631	0.850	0.500	0.661	抚顺	12
大庆	0.037	0.842	0.900	0.593	十堰	13
铜川	0.295	0.783	0.816	0.631	大同	14
攀枝花	0.546	0.172	0.902	0.540	阳泉	15

基于上述评估结果，在 15 个样本资源型城市中，城市绿色发展水平最高的 5 个城市为本溪、石嘴山、铜川、青白江、铜陵。这些城市在资源型城市转型升级过程中注重能源资源的合理利用，并将城市环境问题和绿化问题作为发展重点。然而，城市绿色发展水平较低的 5 个城市为攀枝花、抚顺、十堰、大同、阳泉。这些绿色发展水平较低的城市主要集中在山西省、辽宁省等地，说明这两个省份在"十三五"应高度重视城镇化过程中的绿色发展问题。

在 15 个样本资源型城市的资源利用水平的评估过程中，发现本溪、石嘴山和攀枝花的资源利用水平较高（图 4-1），因为这些城市高度重视城镇化、工业化、农业现代化过程中水资源、化石能源的消耗和节约。

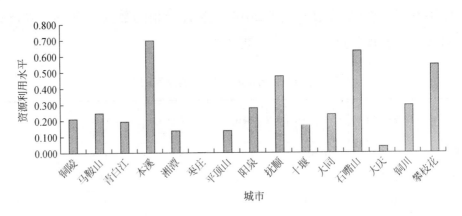

图 4-1 15 个样本资源型城市的资源利用水平

　　在 15 个样本资源型城市的环境保护水平评估过程中，发现枣庄、石嘴山、大庆、平顶山、青白江等城市的环境保护水平较高（图 4-2），因为这些城市在工业化过程中，强调污水处理厂集中处理率、工业固体废弃物综合利用率等问题。

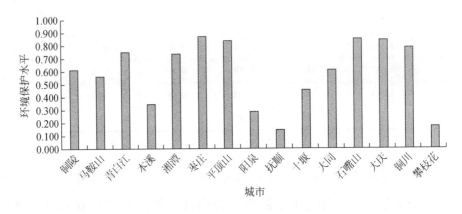

图 4-2 15 个样本资源型城市的环境保护水平

　　在 15 个样本资源型城市的城市绿化水平评估过程中，发现本溪、铜陵、马鞍山、抚顺、十堰、青白江等城市的城市绿化水平较高（图 4-3），这些城市在城镇化快速推进过程中，将生活垃圾无害化处理和建成区绿化覆盖作为城市化的重要组成部分并行推进。

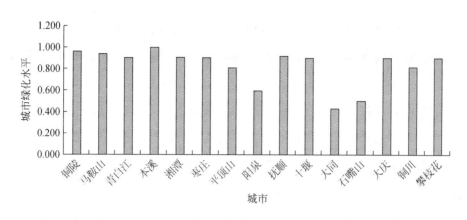

图 4-3　15 个样本资源型城市的城市绿化水平

专栏 4-2

下定决心让 "APEC 蓝" 永驻天空

中国进入举世瞩目的 "APEC 时间"，风起云涌的政治议题还在酝酿，头顶上的蓝天就已抢占头条。连日来，北京等 6 省市区采取的一系列措施逐渐显效，北京空气质量明显好转。晴天一碧、晴空万里、云卷云舒，互联网上、朋友圈里，"APEC 蓝" 迅速成为热词。"APEC 蓝" 与重霾天气形成鲜明对比，它向整个社会表明：不用北风劲吹，无需暴雨猛打，只要下定决心、采取措施、联防共治，"雾霾是可以治理的"。这极大地提振了整个社会的治霾信心。但人们在享受蓝天的同时也在担忧：临时措施、短期效果，能否施之长远、久久为功？这其实也反映了一种普遍心理——期盼驱散雾霾，渴望蓝天常驻。

以治霾为契机，一系列深层次变化开始显现。国务院发布《大气污染防治行动计划》，最高人民法院、最高人民检察院发布《关于办理环境污染刑事案件适用法律若干问题的解释》，新能源汽车方兴未艾，更多人则青睐公共交通……可以说，治霾不仅是倒逼政府改革、涵养公民精神的动力，也激发整个社会守望相助的力量。

然而，霾来如山倒，霾去如抽丝。且不论伦敦摘去雾都帽子、洛杉矶治理光化学烟雾都用了数十年，要将覆盖全国1/4国土面积的雾霾驱散殆尽，必然是一场考验耐力与意志的"生态马拉松"之战。更何况，治霾不只是个环保问题，更关系到经济社会转型升级，牵一发而动全身。比如说，淘汰落后产能，每一个数字背后都牵连着千万个家庭的就业与幸福；空气四处流动，没有一个地方能够独善其身、单打独斗。治霾需要共同努力，却难以毕其功于一役。

这并不意味着面对雾霾，只能坐等风吹雨打。"APEC蓝"的横空出世，为治理雾霾点亮了更多明灯。尽管超常规强硬举措从长远看难以为之，但是铁腕治污的态度、壮士断腕的决心、雷厉风行的作风，在APEC会议后更应持之以恒。同时，横跨北京等6个省市区的区域合作、联防共治的协调机制，对形成"APEC蓝"居功至伟，显然，避免以邻为壑、加强区域协调，同样是APEC会议后可供借鉴的资源。我们或许难以留住"APEC蓝"，但是完全需要留住它背后的认真态度、坚定决心和协调机制。

在APEC会议即将召开之际，晴空万里的好天气向世人展示出美好的图景，这似乎是一种隐喻：只要拿出"保障APEC期间空气质量"的劲头，"APEC蓝"终有一天会永驻天空、长驻心间。

资料来源：李拯.2014-11-07.下定决心让"APEC蓝"永驻天空.人民日报

第五章　开放发展：新型城镇化的行动先导

党的十八届五中全会提出："坚持开放发展，必须顺应我国经济深度融入世界经济的趋势，奉行互利共赢的开放战略，发展更高层次的开放型经济，积极参与全球经济治理和公共产品供给，提高我国在全球经济治理中的制度性话语权，构建广泛的利益共同体。"

中国的发展得益于始终坚持改革开放，从自由贸易试验区战略到"一带一路"战略，中国的改革开放只有进行时，没有完成时。改革开放是中国的基本国策，历史告诉我们，封闭、僵化、闭关锁国的只会掣肘中国的进步。中国实行的开放发展战略，是要吸收世界各国人民创造的优秀成果，同时坚持共赢的发展策略，寻求均衡的全球伙伴关系。

在坚持开放发展的理念下，中国提出了"一带一路"发展战略、全球一体化发展战略、建设全球治理体系等。出台了一系列涉及深化开放的政策，如《推动共建丝绸之路经济带和21世纪海上丝绸之路的愿景与行动》、《关于构建开放型经济新体制的若干意见》、《中国（上海）自由贸易试验区总体方案》、《关于加快实施自由贸易区战略的若干意见》等。

一、开放发展的概念内涵

（一）开放发展的理论解析

1. 古典经济学与开放发展

对外开放的理论始于古典经济学中的自由贸易理论，亚当·斯密在《国富论》中提出"绝对优势学说"，认为一国财富的增加，主要取决于劳动生产力的提高，而劳动生产力的提高主要是劳动分工的结果，劳动分工能提高劳动生产率。"绝对优势学说"的假设前提是进行贸易的每个国家都有各自的优势，但如果一个国家在所有产品生产上都具有优势，而另一个国家在所有产品生产上都具有劣势，在此情况下处于劣势的国家是否还要进行贸易。"绝对优势学说"经过李嘉图的修正和补充，在《政治经济学及赋税原理》中衍生出"比较优势学说"，认为相对优势才真正决定各国在经济开放和自由贸易中获利的情况。每个国家可以集中生产最有优势的产品，从而在比较优势下的贸易关系会给贸易国创造生产力，通过交换获得最大利益。

20 世纪初经济学家俄林和赫克歇尔提出了"要素禀赋理论"，强调了生产各要素在国际贸易中的综合作用。考虑到各个国家生产要素，如土地、劳动力、资本、技术上的差异，带来国际分工的不同，每个国家都应该生产那些能充分发挥其生产要素优势的产品，各个国家按其生产要素的丰裕与稀缺进行分工并进行交换，从而获得比较利益。因此，必须实行自由贸易政策。

2. 发展经济学与开放发展

发展经济学的理论核心是关于经济增长，分为新古典主义复兴阶段和制度主义阶段。他们对开放型经济的论述体现在如下方面：

1）新古典主义经济学：古典主义和新古典主义的差别是亚当·斯密注重国民生产总值的增长，李嘉图注重收入分配，新古典主义则更关注资源的有效配置。但两者都主张经济上自由竞争、自由贸易，认为各国发展的关键是实行自由贸易、充分竞争的市场经济。20 世纪 70 年代，东亚地区的一些国家依靠实行对外开放、出口导向政策在经济上取得了瞩目的成就。

2）制度主义经济学：20世纪80年代，拉美国家由于实行金融自由化带来巨额的金融风险和外债危机，90年代，坚持出口导向模式的东亚国家也陷入金融危机。于是，经济学家开始从制度的角度来剖析发展中国家经济发展所存在的问题。通过重视经济开放过程中的法制、体制、文化等作用推动投资，建立良性的开放环境。

（二）开放发展的新内涵

不谋全局者，不足以谋一域，开放是国家繁荣发展的必由之路，是被历史证明的发展的必然趋势。任何一个国家要发展，闭关自守，是不可能的。20世界30年代，发达国家盛行的西方贸易保护主义就是惨痛的教训。为了摆脱1929年的大危机，英国抛弃自由贸易政策，美国通过征收高关税转嫁危机，从而成为诱发第二次世界大战的原因之一。

1979～2012年，中国年均增速达9.8%，中国目前是世界第二大经济体，厚植开放是中国保持30多年高速发展的强大动力。坚持对外开放，吸收、借鉴世界先进发展成果，促使中国和世界一体化是中国实现现代化的加速器。对外开放是我国的一项长期基本国策，是国家的大政方针。以开放促改革、促发展、促创新，建设开放型经济强国的重要举措。目前，国际外部环境发生了重大变化，世界经济已经由金融危机前的"高速增长期"换挡到"增长转换期"，中国经济也呈现出新常态的发展：①中高速：由过去的高速增长转向中高速的增长；②优结构：经济结构不断优化升级；③新动力：从要素驱动、投资驱动转向创新驱动；④多挑战：不确定性风险增多。在这样的国际、国内背景下，新时期中国开放发展要从以下几个方面展开：

1. 主动开放

主动开放是以积极主动的姿态融入世界发展的主流，以开放的主动赢得发展的主动。开放发展不能停留在以往招商引资的层面，要从被动开放转为主动开放，要在"引进来"的同时，也要"走出去"，建立"双向开放，规则共建"的合作机制。主动参与全球治理的各个方面，提升竞争的软实力。

主动开放的前提是要先修炼好内功，要大力培育具有世界竞争能力的产业、技术、品牌等。实行更加主动的开放战略，推进中国与世界经济体建立平等互惠的双边多边合作关系，突破中国的发展瓶颈，赢得广阔发展空间。

2. 双向开放

双向开放空间上要对内、对外同步开放，既要实现区域次区域的互信合作，又要实现与国际接轨。机制上要内外联动，一方面积极参与本地区和沿海经济发达地区的市场竞争，另一方面积极参与与国际市场的合作与交换。双向开放的核心思想是建立广泛的利益共同体，打造更高层次的开放型经济，实现与世界经济的互利共赢。

3. 公平开放

公平是指处理事情合情合理，不偏袒某一方或某一个人，即参与社会合作的每个人承担着他应承担的责任，得到他应得的利益。如果一个人承担着少于应承担的责任，或取得了多于应得的利益，这就会让人感到不公平。2015年习近平总书记在联合国可持续发展峰会上全面阐述中国发展观为"公平、开放、全面、创新"，提别强调公平的重要性，指出"各国能力和水平有差异，在同一目标下，应该承担共同但有区别的责任。要完善全球经济治理，提高发展中国家代表性和发言权，给予各国平等参与规则制定的权利"。

4. 全面开放

开放应该是面向全世界的，而不是针对某一个国家或地区，是对各种类型国家的开放。当前，发达国家在文化、经济、政治、科技等方面占有绝对优势，一方面要吸收西方发达国家的先进成果，另一方面，要重视和其他发展中国家、不发达国家的合作依靠，增加开放形式的多样性。全面开放强调的是全方位、多层次和宽领域的，要和世界经济体建立交流沟通的良性循环，推进战略互信、经贸合作、文化交流，以建立开放型市场、开放型经济和开放型社会为目标，形成发展的新格局、新战略和新体制，继而形成参与全球竞争的新优势。

5. 共赢开放

互利共赢是中国的对外开放战略，是中国开放发展的理性选择，体现了中国对利益追求的出发点是通过国家之间的合作，更好地促进双方的发展和改革。在经济全球化背景下，只有通过互利共赢给各国带来最大的利益时，才能激发各国开放的积极性，从而促进国家的良性发展。例如，世界贸易组织、（WTO）的目标就是各个国家通过选择将自己的市场能量纳入多边体制的规则内，从而使成员国尤其是发展中国家和最不发达国家在国际贸易增长中获得与其经济发展相匹配的份额。

专栏 5-1

习近平关于对外开放发展的论述

1. 推进"一带一路"建设

为了使我们欧亚各国经济联系更加紧密，相互合作更加深入，发展空间更加广阔，我们可以用创新的合作模式，共同建设"丝绸之路经济带"。这是一项造福沿途各国人民的大事业。

——2013 年 9 月 7 日，在纳扎尔巴耶夫大学

东南亚地区自古以来就是"海上丝绸之路"的重要枢纽，中国愿同东盟国家加强海上合作，使用好中国政府设立的中国-东盟海上合作基金，发展好海洋合作伙伴关系，共同建设 21 世纪"海上丝绸之路"。

——2013 年 10 月 3 日，在印度尼西亚国会演讲

2. 坚持对外开放基本国策

我们要坚持开放的发展，让发展成果惠及各方。在经济全球化时代，各国要打开大门搞建设，促进生产要素在全球范围更加自由便捷地流动。各国要共同维护多边贸易体制，构建开放型经济，实现共商，共建，共享。

——2015 年 9 月 26 日，在联合国发展峰会

我们将继续深化各领域改革，坚持对外开放基本国策，坚定不移奉行互利共赢的开放战略，继续从世界汲取发展动力，让中国发展更好惠及世界。

——2015 年 11 月 3 日，在第二届"读懂中国"国际会议

3. 形成对外开放新体制

要围绕破解经济社会发展突出问题的体制机制障碍，全面深化改革，增强改革意识，提高改革行动能力，使市场在资源配置中起决定性作用和更好发挥政府作用，形成对外开放新体制，加快培育国际竞争新优势。

——2015 年 5 月 27 日，在华东七省市党委主要负责同志座谈会

实践告诉我们，要发展壮大，必须主动顺应经济全球化潮流，坚持对外开放，充分运用人类社会创造的先进科学技术成果和有益管理经验。要不断探索实践，提高把握国内国际两个大局的自觉性和能力，提高对外开放质量和水平。

——2016 年 1 月 18 日，在省部级主要领导干部学习贯彻十八届
五中全会精神专题研讨班开班式

4. 积极参与全球经济治理

我们要加快亚太自由贸易区建设，推进区域经济一体化。要平等参与、充分协商，最大程度增强自由贸易安排的开放性和包容性，提高亚太开放型经济水平、维护多边贸易体制。要致力于合作共赢，反对保护主义，促进公平竞争。

——2015 年 11 月 18 日，在亚太经合组织工商领导人峰会

我们要树立人类命运共同体意识，推进各国经济全方位互联互通和良性互动，完善全球经济金融治理，减少全球发展不平等、不平衡现象，使各国人民公平享有世界经济增长带来的利益。

——2015 年 12 月 1 日，在 2016 年二十国集团峰会

5. 勇于承担国际责任义务

中国是国际发展体系的积极参与者和受益者，也是建设性的贡献者。倡议成立亚投行，就是中国承担更多国际责任、推动完善现有国际经济体系、提供国际公共产品的建设性举动，有利于促进各方实现互利共赢。

——2016 年 1 月 16 日，在亚洲基础设施投资银行开业仪式

中国坚持走和平发展道路，奉行独立自主的和平外交政策，实行互利共赢的对外开放战略，着力点之一就是积极主动参与全球治理，构建互利合作格局，承担国际责任义务，扩大同各国利益汇合，打造人类命运共同体。

——2016年1月21日，在阿拉伯国家联盟总部

6. 深化港澳台合作发展

随着"一国两制"深入实施，两岸关系和平发展，我国国际地位显著提高，大陆内和大陆外统一战线两个范围联盟中的成员流动更加频繁，联系日趋紧密，要适应新形势，切实做好港澳工作、对台工作、侨务工作。

——2015年5月18日至20日，在中央统战工作会议

我们要坚定不移贯彻"一国两制"、港人治港、澳人治澳、高度自治的方针，保持香港、澳门长期繁荣稳定。我们要坚持"九二共识"，保持两岸关系正确发展方向。

——2015年12月31日，在全国政协新年茶话会

（三）开放发展与新型城镇化

1. 开放发展是城镇化转型的内在要求

对外开放对促进城镇化有重要影响。有研究验证了对外开放程度对城镇化的影响，对外开放程度对城镇化发展具有显著影响，对外开放程度越高的地区，对城镇化发展贡献越大。通过测算中国1997~2012年城镇化率、对外开放程度的均值与排名，发现城镇化率与对外开放之间的一致关系（表5-1，图5-1）（毛爱林，2015）。

表5-1　我国各省份城镇化率与对外开放程度（1997~2012年均值）及排序表

地区	城镇化率	排序	对外开放度	排序
上海	81.55	1	47.61	2
北京	81.51	2	23.71	7

续表

地区	城镇化率	排序	对外开放度	排序
天津	72.61	3	39.85	3
辽宁	56.42	4	30.81	5
广东	55.88	5	52.37	1
黑龙江	54.05	6	5.88	17
浙江	49.51	7	22.27	8
江苏	48.19	8	31.50	4
内蒙古	47.58	9	4.55	24
吉林	46.60	10	5.75	18
福建	46.45	11	25.35	6
重庆	43.94	12	7.00	13
湖北	42.59	13	5.99	16
山东	42.00	14	14.34	10
海南	41.90	15	20.06	9
山西	40.50	16	5.03	21
宁夏	39.44	17	4.82	23
青海	39.32	18	3.61	26
新疆	37.55	19	6.45	14
陕西	36.46	20	4.97	22
湖南	35.98	21	5.09	20
江西	35.97	22	9.63	11
河北	34.63	23	6.33	15
安徽	34.52	24	7.66	12
广西	32.26	25	5.42	19
河南	30.31	26	3.32	28
甘肃	29.41	27	2.52	29
四川	29.38	28	4.21	25
云南	27.66	29	3.36	27
贵州	25.77	30	2.19	30

注：暂无西藏、香港、澳门、台湾数据

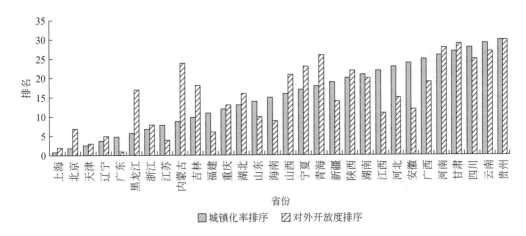

图 5-1 城镇化率与对外开放度排名对比

注：暂无西藏、香港、澳门、台湾数据

对城镇化影响较高的两个因素分别是对外贸易和外商直接投资。出口是拉动城镇化，促进地方经济增长的根本动力。出口使得地方政府利用区位优势、产业优势将资源投入到具有比较优势的领域，形成规模经济下的国际国内两个市场，促使人力、资本、技术等生产要素的流动，带来了城市中的大量就业。此外，出口还与城市产业升级息息相关，工业化前期劳动力密集型产业形成劳动力的大量聚集，随着地方人口、技术、资本的集聚，出现了产业结构的升级和消费结构的升级，推动城市化深度发展。

外商直接投资对城镇化发展的促进作用主要通过区位选择和产业集聚效应、就业创造效应以及自身外溢效应。外商直接投资一般处于开发区、产业园等，形成产业集聚进而拉动城市郊区的就业。外商投资的外溢效应体现在除资本要素外的软实力上，如先进的技术、知识、文化等，通过优化资源配置，提高劳动生产率等提升了城镇化的质量。

2. 资源型城市与开放发展

依据《全国资源型城市可持续发展规划（2013—2020 年)》，目前，全国现有资源型城市 262 座，约占全国城市数量的 30%，资源型城市的资源产业产值约占全国资源产业总产值的 80% 左右。资源型城市具有三个特征：一是经济结构特重化。表现为大企业、小市政，大重工业、小轻工业，大国有经济、小民营经济。二是管理体制二元化。"先企业、后城市"是资源型城市普遍经历的建设过程，现存有政企合一和政企分离两种管理模式。三是城市功能二元化。资源型城市企业的社会包袱比较大，通常还要承担企业家属的社会抚养责任。资源型城市普遍存在的问题如下：一是产业结构失衡。三次产业中第二产业畸高，产业结构不合理，多采用粗放式生产方式，缺乏市场竞争力。二是由粗放式生产方式带来的环境污染问题严重。三是生态赤字问题。资源开采造成生态环境难修复。四是城市基础设施建设滞后。资源型城市中工业区、生活区的划分界限不清晰。如何在"在转型中发展，在发展中转型"成为资源型城市面临和必须突破的发展瓶颈（倪玉平，2016）。

资源型城市多为老工业基地，由于沿袭历史中获取资源过度依赖等级式的行政资源，开放的意识不够、开放的基础不强，仍处于开放的初级阶段。

资源型城市的发展一般经历起步期、成长期、成熟期和衰退期几个阶段，必然要经历建设—繁荣—衰退—转型的过程（图5-2），在资源型城市补齐发展的"短板"时，开放发展显得尤为突出，是激发城市二次活力的难得机遇。习近平总书记提出的建设"新丝绸之路经济带"和"21世纪海上丝绸之路"的战略构想是打造中国经济升级版的战略谋划，提供了资源型城市转型的重要契机。"一带一路"沿线主要是新兴经济体和发展中国家，总人口约44亿，占世界63%，经济总量为21万亿美元，占世界29%。这些国家大多处于发展的增长期，提供了巨大的市场，结合自身优势，开展与沿线国家的互利合作，充分利用两种资源两个市场，开拓国际发展空间，从而消解国内产能过剩提供了广阔前景。另一方面，资源型城市要发挥区位优势、产业优势，着力提升外向型经济的发展水平，突破"靠山吃山，靠水吃水"，依靠资源拉动增长的约束瓶颈，寻求新的增长极。

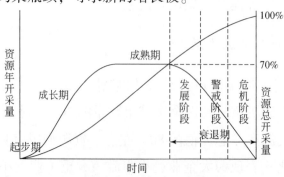

图 5-2　资源型城市发展阶段示意图

优化出口结构、实现产业升级是实现开放发展的经济基础，开展自主创新是提高开放质量的长久保障。目前，中国的低成本优势仍然是吸引外资的主要因素，中国要提升为与世界大国比肩的战略合作伙伴关系，必须要全方位的提升竞争力。

二、开放发展的现状解析

（一）中国经济开放程度的世界比较

经济开放度是衡量一个国家经济开放程度的综合性指标，是一国经济融入国际经济和对国际经济的依存程度。一方面经济开放度包括经济体制、经济政策等对开放型经济发展的支持程度。基于政策的经济开放度测算方法主要包括贸易开放政策和金融开放政策两个方面：①关税率及其衍生指标是衡量贸易开放政策的主要指标，但由于关税税率的可得性问题以及关税税率的逐年下降，许多学者（Edwards，1992）转向研究非关税壁垒（NTBs）。另外一些学者建立综合指标来衡量贸易政策开放度，主要包括Sachs-Warner综合指标体系（Sachs et al.，1995）、世界银行外向指数等综合指标法等。②在衡量金融政策支持开放程度方面一般使用综合性指标。

另外，经济开放度的测算应涵盖该国参与全球开放型经经济的范围，包括资本、技术、商品、劳务、土地等。此外，还要考虑该国在全球产业链中的分工，即经济开放的结构，一般简单地利用货物和服务贸易所占的比例来衡量（吕志鹏等，2015）。

对经济开放度指标体系的赋权方法有三种：专家赋权法、实际发生法和统计方法。专家赋权法是依据专家知识给出指标进行综合的权重；实际发生法是用各指标代表的交易总额占GDP的比重作为权重；统计方法是依靠主成分分析、因子分析、聚类分析等数据挖掘领域的方法进行客观赋值。

对经济开放程度的测算目前认为从贸易开放度（货物和市场）、金融开放度（金融和投资开放度）能缩小对经济开放度量的范围，界定更加清晰合理，提出了如下经济开放度测量的指标体系（表5-2）（吕志鹏等，2015）。

表5-2 经济开放度指标评价体系

一级指标	二级指标	三级指标	指标属性（H/S表示硬指标/软指标，P/N表示正向指标/负向指标）	指标具体解释
经济结果开放度	国际贸易开放度	货物和服务外贸依存度	H&P	（货物和服务进口+出口）/（GDP×2）
	国际金融开放度	对外投资比率	H&P	（直接投资+间接投资）/（GDP×2）
		对外金融比率	H&P	（对外债务+国际储备资产）/（GDP×2）
经济政策开放度	国际贸易政策开放度	关税壁垒	H&N	进口关税的简单平均（负指标）
		保护主义	S&P	没有阻碍外国业务的开展
		海关权力	S&P	阻碍了外国业务的开展
		补贴影响	S&P	不阻碍货物的有效转口
	国际金融政策开放度	公共部门合同	S&P	阻碍货物的有效转口
		外资投资者	S&P	没有损害公平竞争与经济发展
		外国资本	S&P	损害公平竞争与经济发展
		投资激励	S&P	向外国投标人充分开放

根据上述指标体系获得了中国及世界主要国家的经济开放度情况。从测算结果（表5-3，图5-3）来看，发达国家或地区的经济开放度普遍较高，发展中国家开放程度仍然偏低。此外，研究发现经济结果开放度和经济政策开放度的得分以及排名的相关性较强。

表5-3 2012年世界主要国家（地区）的经济开放度得分及其排名

世界主要国家（地区）	经济开放度排名	经济结果开放度排名	经济政策开放度排名
中国香港	1	2	3
爱尔兰	2	5	2
智利	3	13	1
卢森堡	4	1	17
新加坡	5	3	5
德国	11	40	10
美国	19	54	18
印度	44	55	42
日本	45	57	43
中国	48	41	48
俄罗斯	57	38	57

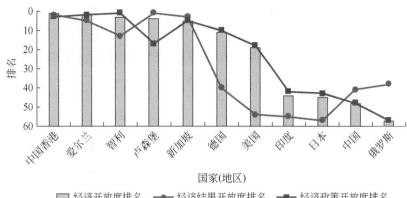

图 5-3 世界主要经济体经济结果开放度、经济政策开放度和经济开放度得分

表 5-4 中国、美国、日本经济开放度对比分析表

指标	外贸依存度（%）	对外投资比率（%）	对外金融比率（%）	（货物进口+出口）/（2×GDP）（%）	（服务进口+出口）/（2×GDP）（%）	货物/服务
中国	26.38	2.97	20.35	23.52	2.86	8.22
日本	16.86	6.48	10.68	14.18	2.67	5.31
美国	15.17	8.97	0.47	11.95	3.22	3.71

从表 5-3 看出中国经济开放程度在世界排名中一直处于第 48 名左右，中国经济结果开放度排名高于美国和日本，这主要是由于外贸依存度和对外金融比率较高造成的（表 5-4），具体说是由货物贸易和巨大的外汇储备造成的。另外，中国贸易结构有待优化，中国的货物贸易总额相差 20 个百分点，仍以货物贸易为主。总体来看，中国的对外开放目前处于高水平"引进来"和"大规模"走出去的阶段，亟须促进向全球产业链高端跃迁，从而缩小与发达国家对外开放存在的差距。

（二）国家顶层设计

1. 设立五大经济特区

1978 年 12 月 13 日，邓小平在中共中央工作会议闭幕会上明确提出中国改革开放的路线图："在经济政策上，我认为要允许一部分地区、一部分企业、一部分工人农民，由于辛勤努力成绩大而收入先多一点，生活先好起来。一部分人生活先好起来，就必然产生极大的示范力量，影响左邻右舍，带动其他地区，其他单位的人们向他们学习。这样，就会使整个国民经济不断波浪式地向前发展，使全国各族人民都比较快地富裕起来"。

创建经济特区是中国实行改革开放的起点。1979 年 4 月，改革开放的总设计师邓小平首次提出要开办"出口特区"，后来将"出口特区"改名为"经济特区"。经济特区以外向型经经济为发展目标，实行特殊的经济政策和经济管理体制，以减免关税等优惠措施为手段，通过创造良好的投资环境，鼓励外商投资，引进先进技术和科学管理方法。经济特区具有如下特点：①在国内划出一定地区，一般选择在港口附近、交通方便的地方，以有利于货物流转，节省费用，降低成本；②在对外经济活动中推行开放政策，并采用减免关税办法，吸引外资；③为外商创造方便安全的投资环境，订立优惠条例和保障制度；④产品以外销为主；⑤集中管理，特区行政管理机构有权制定因地因时制宜的特区管理条例；⑥区内企业享有相当的自主权。

1980 年，深圳经济特区建立，随后珠海、汕头、厦门特区建立，1988 年海南经济特区批准建立。这五大经济特区在带动区域经济发展，推动开放，引进外资、先进技术和管理经验上发挥了排头兵的作用。经济特区起到的是对外开放窗口的作用，是让一部分地区通过率先发展来吸引外资，继而带动周边地区，影响全国经济的发展。经济特区是计划经济下的产物，是从计划经济向市场经济转型过程中的试验田。通过设立经济特区，逐步形成由点到面、由东到西、由内陆到沿海、从局部到全局的开放格局。

2. 自由贸易试验区

自由贸易试验区能够在区域经济中聚集贸易自由，带动区域经济发展，在国际上历史悠久，是世界上重要的区域经济形态。

2013 年，国务院批准《中国（上海）自由贸易试验区总体方案》，该《方案》要求建立投资准入前国民待遇和负面清单管理模式，深化行政审批制度改革，加快转变政府职能，全面提升事中、事后监管水平。要扩大服务业开放、推进金融领域开放创新，建设具有国际水准的投资贸易便利、监管高效便捷、法制环境规范的自由贸易试验区，使之成为推进改革和提高开放型经济水平的"试验田"，形成可复制、可推广的经验，发挥示范带动、服务全国的积极作用，促进各地区共同发展。

2015年4月，国务院又印发了《中国（广东）自由贸易试验区总体方案的通知》、《国务院关于印发中国（天津）自由贸易试验区总体方案的通知》和《国务院关于印发中国（福建）自由贸易试验区总体方案的通知》，形成四大自由贸易试验区。在四大省份公布的"十三五"规划建议中，对推进自由贸易试验区建设作出了部署。上海提出"努力建设高度开放的自贸试验区"，天津提出"高水平建设自由贸易试验区"，福建提出"加快建设中国（福建）自由贸易试验区"，广东提出"高标准建设中国（广东）自由贸易试验区"。

2015年12月，国务院印发《关于加快实施自由贸易区战略的若干意见》。要求深化自由贸易区建设，进一步优化自由贸易区建设布局，同时要求加快建设高水平自由贸易区。

3. 试点开放型经济新体制

2015年5月中共中央国务院发布《关于构建开放型经济新体制的若干意见》。国家发改委和商务部在全国选取了12个试点城市和地区，分别为济南、南昌、唐山、漳州、东莞、防城港、上海浦东新区、重庆两江新区、陕西西咸新区、大连金普新区、武汉城市圈和苏州工业园区，开展构建开放型经济新体制综合试点试验。以两年为期限，总体目标上要形成构建开放型经济新体制并提供可供复制推广的经验。试点城市和地区要完成六项试点任务：一是探索开放型经济运行管理新模式，重在厘清政府与市场的关系；二是探索形成各类开发区（园区）协同开放新机制；三是探索推进国际投资合作新方式，既探索如何更好地"引进来"，又要探索更好地"走出去"；四是探索建立质量效益导向型的外贸促进新体系，服务、货物贸易均包括在内；五是探索金融服务开放型经济新举措，侧重于金融、服务企业走出去；六是探索形成全方位对外开放新格局。

4. 资源型城市持续发展

2013年12月国务院印发了《全国资源型城市可持续发展规划（2013—

2020 年)》，首次确定全国 262 个资源型城市 2020 年发展目标，包括：资源枯竭城市的历史遗留问题要基本解决，可持续发展能力显著增强，转型任务基本完成。规划的指导思想就是"按照'五位一体'总布局，以加快转变经济发展方式为主线，进一步深化改革开放"。由于资源型城市数量多，资源开发阶段不同，经济社会发展水平差异较大，需要解决的矛盾和问题不同。根据对资源的开采利用情况，将资源型城市划分为四种类型，分别是成长型、成熟型、衰退型和再生型。《规划》中提出分类引导各类城市科学发展，对于经济社会已经开始步入良性发展轨道，基本摆脱了资源依赖的再生型城市可以提出优化经济结构，提高发展质量和效益的要求，这类城市是资源型城市转变经济发展方式的先行区。

再生型城市可以深化对外开放和科技创新水平，改造提升传统产业，培育发展战略性新兴产业，加快发展现代服务业。加大民生投入，推进基本公共服务均等化。完善城市功能，提高城市品位，形成一批区域中心城市、生态宜居城市、著名旅游城市。在对所有资源型城市加强支撑保障能力建设中提出加快推进改革开放。具体内容包括"理顺资源产权关系，健全资源产权交易机制，规范探矿权、采矿权交易市场，促进资源产权有序流转和公开、公平、公正交易。强化资源开采企业的社会责任，建立和谐共赢的矿地关系。深化国有企业改革，建立现代企业制度，推动优势企业跨地区、跨所有制兼并重组。全面落实促进非公有制经济发展的政策措施，鼓励民营资本进入能源资源开发、接续替代产业发展等领域。加快推进厂办大集体改革，稳步推进国有林场、国有林区管理体制改革。支持资源型城市加快融入区域经济一体化进程，促进生产要素合理流动。鼓励发达地区城市对口帮扶资源枯竭城市转型发展，支持资源型城市积极承接产业转移。提高利用外资水平，积极引导外资更多地投向节能环保、新能源和新材料、现代服务业等领域，鼓励外资参与矿山生态环境恢复。鼓励有实力的企业走出去，投资境外能源资源开发及深加工项目。

（三）城市发展现状

1. 内陆城市开放发展

城市是国家落实开放战略的主体。通常，临海、临江的城市开放发展水平普遍优于内陆城市的发展。近年来，搭乘国家"一带一路"的高速快车，沿线许多内陆城市开始了宽领域、深层次、高水平、全方位的开放。借助互利共赢的转型出发点，加强了与非洲、中东、拉美、中东欧、中亚等区域的优势互补、互助发展。

2016 年中国城市竞争力研究会通过评估资本开放度、技术开放度、政策开放度、贸易开放度、重大影响力事件发布了"中国十佳开放城市"（表 5-5），排名前 10 位的城市分别为西安、福州、南宁、昆明、贵阳、唐山、乌鲁木齐、张家口、牡丹江和延边。

表 5-5　2016 中国十佳开放城市

排名	城市	重大影响力事件
1	西安	"一带一路"语言服务及大数据平台
2	福州	福建自贸试验区特别
3	南宁	中国–东盟博览会
4	昆明	南博会连续举办及澜湄合作机制
5	贵阳	生态文明贵阳国际论坛"三三制"提升国际级别
6	唐山	2016 年唐山世界园艺博览会举办
7	乌鲁木齐	亚欧经贸合作试验区申报取得实质进展
8	张家口	2022 冬奥会举办地之一
9	牡丹江	绥芬河–东宁重点开发开放试验区获批
10	延边	中国图们江区域（珲春）国际合作示范区快速建设

2. 开放结构水平有待提升

出口商品结构是指一国在一定时期内各类出口产品在整个贸易总额中所占的比重，它是反映一国工农业发展水平、资源状况以及对外贸易政策的指标（向锦和康赞亮，2006）。出口商品结构的优化将促进资本和技术密集型产品的出口，从而推动产业结构升级，产业结构升级的规模效应进一步提升城市化水平。改革开放以来，中国工业制成品出口比重不断上升，在出口产品结构中占据主导地位，2014 年占中国出口贸易总额的 95%，初级产品占出口贸易总额近 5%（表 5-6），然而出口制成品中绝大部分是劳动密集型、附加值低的产品，产品加工程度浅，档次低。

表 5-6　2014 年中国出口贸易按产品类别划分情况

产品类别	指标	总额（百万美元）	比重（%）	
初级产品	食品及主要供食用的活动物出口额	58 913.62	2.52	4.81
	饮料及烟类出口额	2 883.01	0.12	
	非食用原料出口额	15 826.37	0.68	
	矿物燃料、润滑油及有关原料出口额	34 446.01	1.47	
	动、植物油脂及蜡出口额	623.12	0.03	
工业制成品	化学品及有关产品出口额	134 543.23	5.74	95.19
	轻纺产品、橡胶制品矿冶产品及其制品出口额	400 224.21	17.09	
	机械及运输设备出口额	1 070 504.35	45.70	
	杂项制品出口额	622 061.62	26.56	
	未分类的其他商品出口额	2 267.16	0.10	

三、开放发展的案例实践

（一）国外自由贸易区发展的基本经验

1975 年，世界上有 25 个国家建立了自由贸易区，2007 年初，全球自由贸易区已达到 2700 多个，提供就业岗位 6300 多万个。国际上著名贸易区在建设的先进经验上，主要体现在（李莉娜，2014）：

1. 加强自由贸易区的功能整合

国际著名自由贸易区都是基本功能与扩展功能的结合。基本功能是指进出口贸易、转口贸易、仓储、商业或工业性简单加工、商品展示等物流服务等；扩展功能是指金融、保险、商贸、旅游等。

货物贸易和服务贸易同步发展，更加注重投资的自由化，同时向在岸业务与离岸业务并重转变。在政策支持方面，鼓励贸易自由、投资自由、金融自由政策的联动。

2. 选择适合的管理模式

世界银行将自由贸易区管理模式分为地主型管理模式、公司型管理模式和私人企业型管理模式。

地主型管理模式是由政府委托特许经营机构代表国家拥有港口土地、岸线和基础设施。这种做法的优点是特许机构通过收取一定租金，实现投资滚动发展，解决基础设施建设周期长、资金投入大的问题。

公司型管理模式是政府通过投资公司对自由贸易区进行管理，园区内的土地仍归国家所有，但每年向国家缴纳一部分土地租赁费用，同时可以吸纳运营所需资金。

私人企业型管理模式是指所有港口设施均由私人投资、私人经营。

（二）芝加哥的开放之路

美国内陆城市芝加哥因 1848 年开通了通往西部的铁路，出现了交通、贸易的繁荣，随后，芝加哥成为美国最大的空运中心和铁路枢纽，以及世界最大的内陆港口。目前，芝加哥被誉为美国的制造之都、经贸之都、会展之都，并成为美国的交通中心、工业中心、第二大金融中心、文化教育中心。

芝加哥的发展正是源于其开放之路的选择，拥有国际视野是芝加哥发展的关键所在。美国芝加哥前市长戴利在当了 22 年市长后，指出"作为一个内陆城市，更要有国家化的眼光，要与全世界做生意，让全世界都购买你的产品"。

1871 年，芝加哥建造了世界上第一栋采用钢构架的摩天大楼，由此开始创新了许多标志性的世界建筑。1893 年，芝加哥举办了世界博览会，吸引了2750 万游客，从此芝加哥成为世界主要的会议之城。进入 20 世纪，总部经济在芝加哥得到长足发展，全球 500 强企业中的多家在芝加哥设立总部。如今，芝加哥成为和纽约比肩的第二大金融中心，在期货期权领域则是全球最大的金融衍生产品交易中心，并且拥有许多著名金融机构，如道琼斯指数的CME 集团，纽约商品期货交易所等。

（三）"一带一路"助力青白江区华丽转型

开放型经济新体制的构建，要有利于促进企业构建全球价值链，并争取向价值链高端攀升；要有利于应对新技术革命酝酿的新形势，促进技术创新和结构调整；要有利于应对国际贸易投资新规则，发展面向全球的高水平自由贸易区网络；要有利于利用新优势和发挥中西部优势，提高整体开放水平；要有利于利用新兴市场和发展中国家发展空间扩大的新形势，加快实施走出去战略（裴长洪，2014）。

四川省成都市青白江区地处成都北部，距成都中心城区17千米，是成德绵经济带上的重要节点，面积378平方千米，辖11个乡镇（街道）、121个行政村（社区），是国家"一五"时期在西南地区建设的第一个工业区。经济新常态下为资源型城市产业转型提供新机遇，区域经济格局重塑带来转型新空间。青白江围绕成都奋力打造"西部经济核心增长极"的发展定位，提出新型工业和现代服务业的"双千亿"产业目标。

"千亿"目标之一是新型工业化，川化股份有限公司、攀成钢集团成都钢铁有限公司这些青白江曾经引以为傲的企业，在化解产能过剩、消除资源瓶颈的驱动下，淘汰落后产能，已从冶金、化工、建材等传统产业，逐步发展为商用车制造、成套装备制造、新材料、绿色建材及建筑工业化四大新型主导产业集群。围绕"挖掘存量、培育增量、提升质量"的发展需求，青白江成为全国唯一获批的绿色建材示范基地、国家第二批循环经济试点园区、四川省"1525"工程确定的500亿元重点产业园区。青白江区还积极引进、培育市场前景好、产品附加值高的高端产业和产业高端项目，引导企业将工业化和信息化融合，积极搭建企业信息服务网站、政企OA系统、电子商务服务系统的"一站式"公共信息平台。青白江坚持把业态、技术、管理的先进集成作为发展新型工业的优先方向。

"千亿"目标之二是现代物流服务业的发展助力改善经济结构，推动物流商贸业向集约化、信息化、便利化发展，力争2014年实现服务业主营业务收入突破500亿元。充分发挥西部铁路物流中心的优势，加速构建公铁联运、海铁联运、国际多式联运体系，重点抓好保税物流中心（B型）等重大项目建设。这个老工业基地抓住国家"一带一路"发展战略的契机，正在焕发新的活力。青白江形成独特的口岸优势以及物流业的崛起都是转型的力作。成都将被建成西部最大的区域物流中心，青白江物流园区是成都国际铁路港的重要组成部分，四川省"西部物流枢纽项目"中"两站两园三功能区"中的子项目之一。已开通的直达波兰罗兹的"蓉欧快铁"，起点在青白江区铁路集装箱中心站，全长9826千米，与古丝绸之路基本重合，"蓉欧快铁"已成为全国运行速度最快、最稳定的中欧班列。它与"中亚列车"构成成都通往欧亚的"双黄金通道"。2015年，青白江区在哈萨克斯坦举行了"双黄金国际物流通道"暨成都铁路口岸推介会，推介"蓉欧快铁"和"中亚列车"，为之带去覆盖欧亚30亿人、通达全球的物流市场。蓉欧快铁正发展成为连接和辐射中国西部、俄罗斯及欧洲的经贸"大动脉"，中亚国际铁路货运列车从成都出发，经兰州、乌鲁木齐，经阿拉山口出境，直达中亚五国的哈萨克斯坦、吉尔吉斯斯坦、乌兹别克斯坦、塔吉克斯坦、土库曼斯坦，"双黄金国际物流通道"改变了内陆城市发展外向型经济要依赖港口的情况，青白江与长三角、珠三角地区及欧洲、中亚国家和东盟地区打造物流大通道，加快建设欧洲商品转运中心、面向欧亚的物流节点和集散中心。主动承接天府新区辐射和成都"北改"产业转移，重点打造市场集群，加强服务与管理，加快形成西部国际商品集散中心，青白江已然成为成都向西开放的"使者"和"载体"。此外，青白江还建立了钢铁物流综合服务中心，为钢材经销商提供交易、融资担保、总部基地、装卸、储存、加工、配送等服务平台，成为西南地区重要的高端物流产业基地。

围绕产业倍增战略，现代工业和西部铁路物流中心双轮驱动下，青白江将新四化发展理念，即"工业化、信息化、城镇化、农业现代化"有机融合，打造传统老工业基地的发展新格局。

四、开放发展的数据分析

（一）评价指标

对外开放的提高促进地区与国外生产要素的双向流动，从而加快了地区经济的发展和社会发展水平。本报告从外贸依存度、外资依存度和开放基础设施三个维度衡量地区对外开放水平。

外贸依存度是反映一个地区的对外贸易活动对该地区经济发展的影响和依赖程度的经济分析指标。从最终需求拉动经济增长的角度看，该指标还可以反映一个地区的外向程度，是开放度的评估与衡量指标。外贸依存度可以分为贸易依存度、出口依存度和进口依存度。贸易依存度=对外进出口总额/GDP，反映地区对国际市场的依赖程度。出口依存度=出口总额/GDP，进口依存度=进口总额/GDP。

外资依存度是指实际使用外商直接投资占国民生产总值的比重，反映了地区经济发展依靠外资拉动的程度。

开放基础设施=公路总里程/区域面积。基础设施是保证开放顺利进行的环境保障。公路总里程是一个国家（或地区）在一定日期实有的，达到公路工程技术标准规定等级的公路长度。包括大、中城市的小区公路以及公路线路通过县城或集镇街道部分的里程数，也包括桥梁、渡口的长度以及分期修建的公路已验收交付使用的里程。公路里程是反映公路建设发展规模的重要指标，也是社会经济发展水平的重要标志。

(二) 结果分析

依据上述构建的指标体系，选取 15 个典型资源型城市分析其开放发展的程度，具体结果如下（表5-7，图5-4）：

表5-7 15 个样本资源型城市的开放发展度

城市	贸易依存度	出口依存度	进口依存度	外资依存度	开放基础设施	开放发展度	开放发展度 城市	开放发展度 排序
大同	0.053	0.074	0.036	0.133	0.250	0.109	铜陵	1
阳泉	0.037	0.066	0.020	0.335	0.428	0.177	马鞍山	2
抚顺	0.098	0.277	0.023	0.208	0.062	0.134	青白江	3
本溪	0.465	1.000	0.207	0.385	0.035	0.419	本溪	4
大庆	0.096	0.024	0.100	0.122	0.000	0.068	湘潭	5
马鞍山	0.330	0.440	0.231	1.000	0.688	0.538	枣庄	6
铜陵	1.000	0.364	1.000	0.203	0.512	0.616	平顶山	7
枣庄	0.072	0.191	0.021	0.035	0.698	0.203	阳泉	8
平顶山	0.030	0.078	0.009	0.165	0.674	0.191	抚顺	9
十堰	0.044	0.136	0.006	0.109	0.322	0.123	十堰	10
湘潭	0.201	0.255	0.145	0.396	0.590	0.318	大同	11
青白江	0.220	0.530	0.080	0.628	1.000	0.492	石嘴山	12
攀枝花	0.020	0.042	0.010	0.092	0.113	0.056	大庆	13

续表

城市	贸易依存度	出口依存度	进口依存度	外资依存度	开放基础设施	开放发展度	开放发展度	
							城市	排序
铜川	0.000	0.000	0.000	0.044	0.293	0.067	铜川	14
石嘴山	0.119	0.303	0.038	0.000	0.044	0.101	攀枝花	15

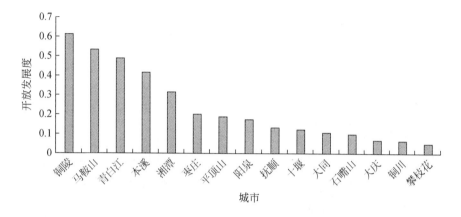

图 5-4　15 个样本资源型城市开放发展度排名

　　样本选取的资源型城市中，贸易依存度排名前五位的是铜陵、本溪、马鞍山、青白江和湘潭；出口依存度排名前五位的是本溪、青白江、马鞍山、铜陵和石嘴山；进口依存度排名前五位的是铜陵、马鞍山、本溪、湘潭和大庆；外资依存度排名前五位的是马鞍山、青白江、湘潭、本溪和阳泉；开放基础设施排名前五位的是青白江、枣庄、马鞍山、平顶山和湘潭；综合结果后，开放发展度排名前五位的是铜陵、马鞍山、青白江、本溪和湘潭。

第六章 共享发展：新型
城镇化的基本保障

习近平总书记多次强调"人民对美好生活的向往，就是我们奋斗的目标"。党的十八届五中全会提出："坚持共享发展，必须坚持发展为了人民、发展依靠人民、发展成果由人民共享，作出更有效的制度安排，使全体人民在共建共享发展中有更多获得感，增强发展动力，增进人民团结，朝着共同富裕方向稳步前进。"

目前，在共享发展方面仍有许多短板：中国还有 7000 万的贫困人口，贫困人口数量多、分布广；涉及民生的教育资源不均衡，就业的结构性矛盾仍然存在，养老保障体系尚不健全，医疗体制亟须改革；城乡在公共服务方面存在严重的非均等化。

"消除贫困、改善民生、实现共同富裕，是社会主义的本质要求"，共享发展正是以推进社会公平正义为前提，以推进扶贫脱贫、缩小收入差距为抓手，以推进区域、城乡基本公共服务均等化为保障，以推进共同富裕为目标。

一、共享发展的概念内涵

(一)"共享发展"是世界发展的主旋律

公元前 350 年，亚里士多德将经济学与伦理学联系起来，认为财富积累的最终目的是为人类服务。

18 世纪，亚当·斯密在《国富论》中提出了全民富裕的思想，认为财富最终要以回馈人民的方式体现价值。《国富论》的全称是《国民财富的性质和原因的研究》，国民财富（national wealth）包括了一国之内全体国民在一定时期内所拥有的全部物质资料，包括政府、企业、居民所拥有的财富。《国富论》认为构成国民财富的是一国人民能够消费的一切生活必需品和便利品，而不是金银。所以说，《国富论》的重点是如何使得人民富裕。

1990 年，联合国计划开发署提出人类发展指数，旨在响应可持续发展理念下，从"以物质发展为中心"向"以人的发展为中心"进行转变。人类发展指数综合考虑的人的教育、预期寿命与收入三个指标，不再以单纯的 GDP 作为衡量社会发展的唯一指标。"追求人的全面发展"逐渐进入各国的发展视野。2005 年，联合国计划开发署出版《人类发展报告》主题更是为"追求公平的人类发展"。

2000 年，联合国千年发展目标提出"包容性"理念。2007 年亚洲银行首次提出"包容性增长"，旨在解决世界人口贫困问题，强调增长要兼顾包容性、可持续性。2011 年胡锦涛在博鳌亚洲论坛发表以"包容性发展：共同议程与全新挑战"为主题的演讲，目的在于经济一体化的同时要将财富惠及所有国家、群体，特别是欠发达国家和社会弱势阶层。

2006 年，世界银行出版《世界发展报告》的主题就是"公平与发展"，总结了世界银行 60 年发展经验，提出公平对促进发展长期繁荣的内在支撑价值。

2015 年，联合国《2030 年可持续发展议程》提出 17 个可持续发展目标和 169 项子目标的纲领性文件，该议程将推动世界到 2030 年实现三个创举：消除极端贫穷，战胜不平等和不公正以及遏制气候变化。

2015 年，党的十八届五中全会提出"创新、协调、绿色、开放、共享"五大发展理念，其中"共享发展"是中国特色社会主义的本质要求，体现了发展的终极目标。

共享发展是坚持以人为核心的发展思想，是发展的最终目标。发展不仅是经济体量的变化、规模的扩张和速度的提升，还要考虑社会的效率和公平，要顾及就业、分配、医疗、保险、教育等一系列社会需要，使全体人民在共建共享发展中有更多的获得感，能够过上体面的生活。坚持共享发展是解决民生问题的基本思路，是实现利益均衡的基本出发点。发展要依靠人民，发展的成果要由人民共享，所以共享发展的重点是提升国民待遇，核心是协调利益分配，保障是深化改革。共享发展体现了习近平总书记所论述的"遵循经济规律的科学发展，遵循自然规律的可持续发展，遵循社会规律的包容性发展"的本质。

（二）共享发展的内涵

共享是中国特色社会主义的本质要求，是实现社会分配正义，是比"共同富裕"更高的发展目标。从覆盖人群而言，共享是全民共享，要广大人民群众共享改革发展成果；从享受内容而言，共享是全面共享，要求满足人的需求的全面性；从实现途径而言，共享是共建共享，最大限度释放人民的创造潜能；从发展进程而言，共享是渐进共享，是从低级到高级，从不均衡到均衡的渐进过程（图6-1）。

图6-1　共享发展的基本内涵

专栏6-1

习近平关于共享发展的论述

一、关于"全面小康"

没有农村的小康，特别是没有贫困地区的小康，就没有全面建成小康社会。中央对扶贫开发工作高度重视。各级党委和政府要增强做好扶贫开发工作的责任感和使命感，做到有计划、有资金、有目标、有措施、有检查，大家一起来努力，让乡亲们都能快点脱贫致富奔小康。

——2012年12月30日，习近平到河北阜平看望慰问困难群众时

要坚持和完善社会主义基本分配制度，努力推动居民收入增长和经济增长同步、劳动报酬提高和劳动生产率提高同步，不断健全体制机制和具体政策，调整国民收入分配格局，持续增加城乡居民收入，不断缩小收入差距。

——2015 年 11 月 24 日，习近平在中共中央政治局第二十八次集体学习

人民为中心的发展思想，不是一个抽象的、玄奥的概念，不能只停留在口头上、止步于思想环节，而要体现在经济社会发展各个环节。我国正处于并将长期处于社会主义初级阶段，我们要根据现有条件把能做的事情尽量做起来，积小胜为大胜，不断朝着全体人民共同富裕的目标前进。

——2016 年 1 月 18 日，习近平在省部级主要领导干部学习贯彻十八届五中全会精神专题研讨班重要讲话

二、关于"社会保障"

加快推进住房保障和供应体系建设，是满足群众基本住房需求、实现全体人民住有所居目标的重要任务，是促进社会公平正义、保证人民群众共享改革发展成果的必然要求。

——2013 年 10 月 29 日，习近平在中共中央政治局第十次集体学习时强调

没有全民健康，就没有全面小康。医疗卫生服务直接关系人民身体健康。要推动医疗卫生工作重心下移、医疗卫生资源下沉，推动城乡基本公共服务均等化，为群众提供安全有效方便价廉的公共卫生和基本医疗服务，真正解决好基层群众看病难、看病贵问题。

——2014 年 12 月 13 日，习近平在江苏调研时强调

社会建设要以共建共享为基本原则，在体制机制、制度政策上系统谋划，从保障和改善民生做起，坚持群众想什么、我们就干什么，既尽力而为又量力而行，多一些雪中送炭，使各项工作都做到愿望和效果相统一。

——2015 年，5 月 25 日至 27 日，习近平在浙江调研时强调

三、关于"个人发展"

只要我们紧密团结，万众一心，为实现共同梦想而奋斗，实现梦想

的力量就无比强大，我们每个人为实现自己梦想的努力就拥有广阔的空间。生活在我们伟大祖国和伟大时代的中国人民，共同享有人生出彩的机会，共同享有梦想成真的机会，共同享有同祖国和时代一起成长与进步的机会。

——2013 年 3 月 17 日，习近平在第十二届全国人民代表大会第一次会议

中国将坚定实施科教兴国战略，始终把教育摆在优先发展的战略位置，不断扩大投入，努力发展全民教育、终身教育，建设学习型社会，努力让每个孩子享有受教育的机会，努力让 13 亿人民享有更好更公平的教育，获得发展自身、奉献社会、造福人民的能力。

——2013 年 9 月 26 日，习近平在联合国"教育第一"
全球倡议行动一周年纪念活动

中国坚持不懈推进教育信息化，努力以信息化为手段扩大优质教育资源覆盖面。我们将通过教育信息化，逐步缩小区域、城乡数字差距，大力促进教育公平，让亿万孩子同在蓝天下共享优质教育、通过知识改变命运。

——2015 年 5 月 22 日，习近平致信国际教育信息化大会

1. 经济发展是共享发展的物质基础

共享发展的第一要义是发展，是经济的总量和质量的提升，其核心是发展的成果由全社会共享。马克思和恩格斯指出"生产力的这种发展之所以是绝对必需的实际前提，还因为如果没有这种发展，那就只会有贫穷、极端贫困的普遍化；而在极端贫困的情况下，必须重新开始争取必需品的斗争，全部陈腐污浊的东西又要死灰复燃"。改革开放的总设计师邓小平坚持以经济建设为中心，强调发展生产力的重要性。广大人民群众共享改革发展的成果是社会主义的本质要求。共享发展是在做大"蛋糕"的基础上，提出如何切好"蛋糕"的新挑战，体现了发展的最终价值关怀。

2. 利益平衡是共享发展的社会保障

2015 年中国人均 GDP 为 7500 美元左右，正处于从中高收入国家向高收入国家的迈进阶段。而这一阶段要警惕"中等收入陷阱"，这是一种经济增

长缓慢甚至停滞、迟迟不能进入高收入国家且伴随社会动荡的现象（高淑桂，2016）。通过落实"创新、协调、绿色、开放、共享"五大发展理念，转变经济增长方式，提升经济增长的内生动力，避免经济陷入停滞不前。

改革开放 30 多年来，我国经济社会发展取得举世瞩目的巨大成就，但也积累了许多问题，社会贫富差距依然较大，部分群众生活比较困难，容易激发社会矛盾的不和谐因素明显增多。在全面建成小康社会的决定性阶段，这些发展中的"短板"需要认真加以解决。习近平同志强调："面对人民过上更好生活的新期待，我们不能有丝毫自满和懈怠，必须再接再厉，使发展成果更多更公平惠及全体人民，朝着共同富裕方向稳步前进"。2020 年中国要全面建成小康社会的目标。共享发展契合了经济新常态下全面建成小康社会的新思路。落实共享发展有助于纾解社会利益分配的不平衡，避免快速发展中积聚社会问题，减少社会贫富差距分化，提高民生水平，提升公共服务能力，使全体人民共享发展的成果，实现和谐社会的公序良俗，从而减少社会矛盾。

3. 分配效率是共享发展的永续动力

在改革开放初期，"效率优先，兼顾公平"是在社会生产效率低下、劳动积极性受到压制，长期平均主义的背景下提出的。基于此，中央在设定共同富裕的前提下，允许一部分人、一部分地区先富起来，通过先富带动后富，逐步实现共同富裕。近年来，由于社会贫富差距增加，民生建设滞后于经济建设，社会中积累了大量的诉求得不到有效释放，与利益分配相关的社会突发事件频发，社会稳定态势面临极大冲击。然而，应当理性地看到注重分配效率，是符合市场经济基本规律，激发经济活力、解放生产力，提高生产效率的重要途径。共享发展不是平均主义的"大锅饭"，而是要制定更加合理的分配机制，最大程度调动社会和谐共建的积极性。理顺发展与分配的机制设计，促进社会全员参与，才能推进社会、经济的永续发展。

（三）共享发展与城镇化

《中共中央关于制定国民经济和社会发展第十三个五年规划的建议》提

出："推进以人为核心的新型城镇化。提高城市规划、建设、管理水平。深化户籍制度改革，促进有能力在城镇稳定就业和生活的农业转移人口举家进城落户，并与城镇居民有同等权利和义务。实施居住证制度，努力实现基本公共服务常住人口全覆盖。健全财政转移支付同农业转移人口市民化挂钩机制，建立城镇建设用地增加规模同吸纳农业转移人口落户数量挂钩机制。维护进城落户农民土地承包权、宅基地使用权、集体收益分配权，支持引导其依法自愿有偿转让上述权益。深化住房制度改革。加大城镇棚户区和城乡危房改造力度。"新型城镇化不仅是拉动中国经济增长的引擎，更是彰显社会共享发展的重要体现。城镇化是中国实现现代化的必由之路。城镇化的核心是人的城镇化，要提高城镇化的发展质量，最重要的是要坚持共享发展，提升人民福祉。

1. 兼顾效率公平的共享发展是新型城镇化的实现基础

城市化进程中贫富差距不断增大，形成了双二元结构，即城乡"二元化"与城市"二元化"。由利益分配不平衡导致的诉求多元，造成社会矛盾不断累积，20 世纪 80 年代初，中国的基尼系数在 0.3 左右，国际上将 0.4 作为社会稳定的警戒线，在 2014 年，中国的基尼系数已达到 0.469，并且呈继续增长态势。社会发展成果的公平分配强调分配的程序公平，不是平均主义的"大锅饭"。

习近平同志强调："全面深化改革必须着眼创造更加公平正义的社会环境，不断克服各种有违公平正义的现象，使改革发展成果更多更公平惠及全体人民。"社会公平是对人际间利益关系与非利益关系的度量和评价。公平是社会稳定之基石。党的十八大报告提出，"逐步建立以权利公平、机会公平、规则公平为主要内容的社会公平保障体系，努力营造公平的社会环境，保证人民平等参与、平等发展权利。"权利公平是指法律面前人人平等，任何组织或者个人不得有超越宪法和法律的特权；机会公平是任何人都享有参与分配社会发展成果的机会；规则公平强调分配规则的公平合理。新型城镇化过程中保障人人享有共享的权利必须从制度上提高科学性和合理性，最大限度体现公平。

2. 鼓励社会共建的共享发展是新型城镇化的实现路径

共享发展不能依靠少数人，共享发展的必达路径一定是共建。共建与共享是辩证的，要营造全社会人人参与、人人享有的良好环境，从而引领共建，以共建推动发展的结果人人享有，才能厚植发展优势，提升发展水平。共享需要共建，共建为了共享。要通过舆论引导、制度保障鼓励人人都为国家繁荣富强、国民幸福福祉的提升贡献自己的力量。2004 年党的十六届四中全会首次推出推进"社会管理体制创新"，在当时的历史背景下旨在强调不仅在经济领域需要创新，在社会、民生领域也需要管理的创新。然而，人们越来越意识到一元化、等级式自上而下的管控思路的缺陷，即忽视了广大人民群众的参与。通过实践探索，在党的十八届三中全会关于全面深化改革的决定中用"社会治理"取代了"社会管理"。进一步，党的十八届五中全会明确提出了"全民共建共享的社会治理"，是对社会治理理念的再一次升华。

中国的城镇化过程中，随着农村劳动力、流动人口的涌入，城市社会结构由原来的单一的城镇户籍人口演化为户籍人口、常住人口、流动人口等多种形式的人口组成，伴随着人员构成的变化，城市社区形态发生巨变。人口异地流动增强，导致居民对城市公共服务的诉求多样化，只有人人共建，通过理性表达，众志成城寻求协调与整合多方利益的平衡点，才能将共享发展的理念落实到位，将"社会治理"的概念模式上升为实践模式。

二、共享发展的现状解析

（一）国家顶层设计

1. 缩小城乡居民人均收入差距，消除贫困

2015 年，按照每人每年 2300 元的农村贫困标准计算，我国农村贫困人口为 5575 万人。党的十八届五中全会通过的《中共中央关于制定国民经济和社会发展第十三个五年规划的建议》中指出，"十三五"时期经济社会发展的主要目标之一就是提升人民的生活水平和质量。就业、教育、文化、社

保、医疗、住房等公共服务体系更加健全，基本公共服务均等化水平稳步提高。教育现代化取得重要进展，劳动年龄人口受教育年限明显增加。收入差距缩小，中等收入人口比重上升。我国现行标准下农村贫困人口实现脱贫，贫困县全部摘帽，解决区域性整体贫困。

具体来讲，要实施脱贫攻坚工程。农村贫困人口脱贫是全面建成小康社会最艰巨的任务。必须充分发挥政治优势和制度优势，坚决打赢脱贫攻坚战。实施精准扶贫、精准脱贫，因人因地施策，提高扶贫实效。分类扶持贫困家庭，对有劳动能力的支持发展特色产业和转移就业，对"一方水土养不起一方人"的实施扶贫搬迁，对生态特别重要和脆弱的实行生态保护扶贫，对丧失劳动能力的实施兜底性保障政策，对因病致贫的提供医疗救助保障。实行低保政策和扶贫政策衔接，对贫困人口应保尽保。扩大贫困地区基础设施覆盖面，因地制宜解决通路、通水、通电、通网络等问题。对在贫困地区开发水电、矿产资源占用集体土地的，试行给原住居民集体股权方式进行补偿，探索对贫困人口实行资产收益扶持制度。

2. 人口的城镇化：户籍人口城镇化提速

中央明确要求，"十三五"时期，推进新型城镇化的重中之重，是解决1亿人在城镇落户生活问题，扎扎实实地提高户籍人口城镇化率。习近平总书记指出："户籍人口城镇化率直接反映城镇化的健康程度。"2015年中国城镇化率为56.1%，户籍人口城镇化率为39.9%，两者之间仍然存在16.2%的差距。改革开放三十多年来，中国常住人口城镇化率每年增长1.02%，2000年以后，每年提升1.35%，到2020年，中国常住人口城镇化率将达60%，户籍人口城镇化率达45%。"十三五"期间，约有1亿左右外来常住人口能够解决落户城镇（图6-2）。

2014年《国务院关于进一步推进户籍制度改革的意见》提出促进有能力在城镇稳定就业和生活的常住人口有序实现市民化，稳步推进城镇基本公共服务常住人口全覆盖。包括：全面放开建制镇和小城市落户限制；有序放开中等城市落户限制；合理确定大城市落户条件；严格控制特大城市人口规模；有效解决户口迁移中的重点问题。

图 6-2　2015 中国城镇化率与 2020 城镇化目标

在创新人口管理方面，提出：

1）建立城乡统一的户口登记制度。取消农业户口与非农业户口性质区分和由此衍生的蓝印户口等户口类型，统一登记为居民户口，体现户籍制度的人口登记管理功能。建立与统一城乡户口登记制度相适应的教育、卫生计生、就业、社保、住房、土地及人口统计制度。

2）建立居住证制度。公民离开常住户口所在地到其他设区的市级以上城市居住半年以上的，在居住地申领居住证。符合条件的居住证持有人，可以在居住地申请登记常住户口。以居住证为载体，建立健全与居住年限等条件相挂钩的基本公共服务提供机制。

3. 深化社会公共服务

公共服务，包括加强城乡公共设施建设，发展教育、科技、文化、卫生、体育等公共事业，为社会公众参与社会经济、政治、文化活动等提供保障。

《国务院关于深入推进新型城镇化建设的若干意见》指出根据城镇常住人口增长趋势，加大财政对接收农民工随迁子女较多的城镇中小学校、幼儿园建设的投入力度，吸引企业和社会力量投资建学办学，增加中小学校和幼儿园学位供给。统筹新老城区公共服务资源均衡配置。加强医疗卫生机构、文化设施、体育健身场所设施、公园绿地等公共服务设施以及社区服务综合信息平台规划建设。优化社区生活设施布局，打造包括物流配送、便民超市、银行网点、零售药店、家庭服务中心等在内的便捷生活服务圈。建设以居家为基础、社区为依托、机构为补充的多层次养老服务体系，推动生活照料、康复护理、精神慰藉、紧急援助等服务全覆盖。加快推进住宅、公共建筑等的适老化改造。加强城镇公用设施使用安全管理,健全城市抗震、防洪、排涝、消防、应对地质灾害应急指挥体系,完善城市生命通道系统,加强城市防灾避难场所建设,增强抵御自然灾害、处置突发事件和危机管理能力。

简政放权、放管结合、优化服务改革是提升社会公共服务能力的核心。《推进"互联网+政务服务"开展信息惠民试点实施方案》提出:

1)"一号"申请。充分发挥公民身份号码作为公民唯一的、终身不变的身份代码作用,以公民身份号码作为唯一标识,建成电子证照库,实现群众办事"一号"申请,避免重复提交办事材料、证明和证件等。

2)"一窗"受理。整合构建综合政务服务窗口,建立统一的数据共享交换平台和政务服务信息系统,实现政务服务事项"一窗"受理,就近能办、同城通办、异地可办。

3)"一网"通办。建成网上统一身份认证体系,推进群众网上办事"一次认证、多点互联",实现多渠道服务的"一网"通办,大幅提高政务服务的便捷性。

此外,2016年国务院先后出台了《关于整合城乡居民基本医疗保险制度的意见》、《关于建立统一的城乡居民基本养老保险制度的意见》、《关于统筹推进县域内城乡义务教育一体化改革发展的若干意见》。内容要点包括:①从完善政策入手,推进城镇居民医保和新农合制度整合,逐步在全国范围内建立起统一的城乡居民医保制度,推动保障更加公平、管理服务更加规范、医疗资源利用更加有效,促进全民医保体系持续健康发展。②将新农保和城居保两项制度合并实施,在全国范围内建立统一的城乡居民基本养老保险(以下简称城乡居民养老保险)制度。③统筹推进县域内城乡义务教育一体化改革发展。适应全面建成小康社会需要,合理规划城乡义务教育学校布局建设,完善城乡义务教育经费保障机制,统筹城乡教育资源配置,向乡村和城乡结合部倾斜,大力提高乡村教育质量,适度稳定乡村生源,增加城镇义务教育学位和乡镇学校寄宿床位,推进城镇义务教育公共服务常住人口全覆盖,着力解决"乡村弱"和"城镇挤"问题,巩固和均衡发展九年义务教育,加快缩小县域内城乡教育差距,为到2020年教育现代化取得重要进展和全面建成小康社会奠定坚实基础。

专栏 6-2

新型城镇化约束性指标

2014 年《国家新型城镇化规划（2014—2020 年）》首次将城镇化目标从国家层面具体化，给出了城镇化质量和水平的约束性指标，规划从城镇化水平、基本公共服务、基础设施、资源环境 18 个指标的具体量化给出了 2020 年国家城镇化水平发展的愿景。

新型城镇化主要指标		
指标	2012 年	2020 年
城镇化水平		
常住人口城镇化率	52.6	60
户籍人口城镇化率	35.3	45
基本公共服务		
农民工随迁子女接受义务教育的比例（%）		≥99
城镇失业人员、农民工、新成长劳动力免费接受基本职业技能培训覆盖率（%）		≥95
城镇常住人口基本养老保险覆盖率（%）	66.9	≥90
城镇常住人口基本医疗保险覆盖率（%）	95	98
城镇常住人口保障性住房覆盖率（%）	12.5	≥23
基础设施		
百万以上人口城市公共交通占机动化出行比例（%）	45*	60
城镇公共供水普及率（%）	81.7	90
城市污水处理率（%）	87.3	95
城市生活垃圾无害化处理率（%）	84.8	95
城市家庭宽带接入能力（Mbps）	4	≥50
城市社区综合服务设施覆盖率（%）	72.5	100
资源环境		
人均城市建设用地（平方米）	≤100	≤100
城镇可再生能源消费比重	8.7	13
城镇绿色建筑占新建建筑比重	2	50
城市建成区绿地率	35.7	38.9
地级以上城市空气质量达到国家标准的比例	40.9	60

* 为 2011 年数据。

注：①城镇常住人口基本养老保险覆盖率指标中，常住人口不含 16 周岁以下人员和在校学生。

　　②城镇保障性住房：包括公租房（含廉租房）、政策性商品住房和棚户区改造安置住房等

（二）城市现状

1. 居民生活幸福感不断上升

美国心理学家马斯洛提出著名的"需求层次理论"，将人的基本需要按照等级划分，从低级到高级分别为生理需求、安全需求、社会需求、尊重需求和自我实现的需求（表6-1）（韩康，2012）。居民在城市中生活、工作、就业，城市居民幸福感是城市共享发展结果的综合体现。幸福感与城市人均收入、公共服务质量、城市基础设施建设等都有关系。

表6-1　城市居民的马斯洛需求

一、生理需求		
	1. 基本需求	空气质量、水的质量、吃住保障
	2. 发展需求	就业社保、吃住改进、收入增长
	3. 享受需求	生活寿命、居所品质、气候舒适
二、安全需求		
	1. 基本需求	人身安全、食品安全
	2. 发展需求	财产安全、资本安全
	3. 享受需求	信息安全、公共安全
三、社会需求		
	1. 基本需求	国民教育、出行便利、基本医疗
	2. 发展需求	交通城建、人文环境、经济环境
	3. 享受需求	文化品质、社区环境
四、尊重需求		
	1. 基本需求	国民待遇、平等法律
	2. 发展需求	社会尊重、言论自由
	3. 享受需求	社会地位、社会声望
五、自我实现需求		
	1. 基本需求	生活圆满、家庭婚姻
	2. 发展需求	事业成就、社会评价
	3. 享受需求	民主参政、潜能发挥

近年来，在推进"幸福城市"建设中，各地纷纷重视城市居民的幸福状况。都在花大力气向城市居民提供安全的社会环境、良好的医疗条件、文明的社会文化、优质的教育资源、合理配置的基础设施、放心的社会保障等，从而实现居民在个人发展中的马斯洛需求与城市发展的同步，居民就会安居

乐业，同心协力共建城市，形成良性互动循环。

在 2015 年"中国最具幸福感城市"调查中，通过对累计 8000 多万人进行公众调查、抽样调查和大数据采集，评选出排名前十位的幸福城市是成都、宁波、杭州、南京、西安、长春、长沙、苏州、上海、北京。

2. 户籍改革制度稳步推行

户籍制度改革是未来新型城镇化体现共享发展的基本门槛。目前中国的户籍人口城镇化率为 39.9%，依据"十三五"规划纲要，到 2020 年中国常住人口城镇化率达到 60%，户籍人口城镇化率达到 45%。户籍制度改革主要有积分落户制度和居住证制度。积分落户制度，是以合法稳定就业和合法稳定住所（含租赁）、参加城镇社会保险年限、连续居住年限等为主要指标，重点解决在城镇就业和居住 5 年以上和举家迁徙的农业转移人口落户问题。居住证制度是借鉴国外的"绿卡"机制，为解决流动人口问题，完成户籍制度的一个过渡阶段。

各地普遍提出取消农业户口和非农户口的本质差别，截止到 2016 年 5 月，已有 29 个省份出台了户籍制度改革的具体方案，包括河北、河南、山东、山西、陕西、江西、湖南、湖北、广东、广西、黑龙江、吉林、辽宁、重庆、云南、甘肃、青海、福建、江苏、安徽、贵州、四川、新疆、宁夏、浙江、海南、内蒙古、天津、上海。

三、共享发展的案例实践

（一）共享发展的世界主要测度体系

世界各个国家与权威机构越来越意识到经济规模、经济产出的度量不能涵盖发展的全方面表达，于是纷纷研究了与发展成果共享、发展质量体现等相关的度量指标体系（表 6-2）。

社会进步指数（social progress index，SPI）：社会进步指数包括 10 个社会经济领域的 36 项指标。10 个领域分别为教育、健康状况、妇女地位、国防、经济、人口、地理、政治参与、文化、福利成就。社会进步指数是评价社会发展状况的一个有效工具，它不仅可以用于不同国家、不同地区间社会发展状况的比较，也可用于一国内部不同地区间社会发展水平的横向比较，还可用于一国不同时期发展水平的动态比较。

表6-2　世界主要共享发展度量

共享发展度量	发布机构	测量范围
社会进步指数 （social progress index）	国际社会福利理事会、美国宾夕法尼亚大学	该套综合指标衡量了社会教育、健康状况、妇女地位、国防、经济、人口、地理、政治参与、文化、福利成就等
人类发展指数 （human development index）	联合国开发计划署	衡量一个国家或地区在人类发展的健康长寿、文化教育和生活水平方面所取得的成就
千年发展目标 （millennium development goals）	联合国	包括八项宏观目标和二十一项微观具体目标，涉及世界和平与发展
多维贫困指数 （multidemensional poverty index）	牛津大学	反映多维贫困发生率还能反映多维贫困发生的强度，同时还能反映个人或家庭的被剥夺量。该指标体系选取了健康、教育、生活水平三个维度度量不同个体或家庭在不同维度上的贫困程度
更好生活指数 （OECD better life index）	经济合作与发展组织	度量经济合作与发展组织34个成员国在住房、就业、收入水平、社会关系以及个人生活满意度等11个衡量生活状态综合分析比较
国民幸福总值 （gross national happiness）	不丹	不丹将国民幸福总值提升作为政治目标，用来替代GDP衡量发展程度。该指标强调发展的可持续性和国民对现实生活的"满意程度"
幸福星球指数 （happy planet index）	英国新经济基金、联合国	衡量一个国家或地区在全球化进程中的"资源利用有效性"，是全世界第一个将生态环境因素考虑进幸福程度的指数

资料来源：社会进步指数：http：//www. socialprogressimperative. org/global – index/；人类发展指数：http：//hdr. undp. org/en/content/human – development – index – hdi；千年发展目标：http：//www. un. org/millenniumgoals；多维贫困指数：http：//hdr. undp. org/en/content/multidimensional – poverty – index – mpi；更好生活指数：http：//www. oecdbetterlifeindex. org/；国民幸福总值：http：//www. grossnationalhappiness. com/；幸福星球指数：http：//www. happyplanetindex. org/

人类发展指数（human development index，HDI），是由联合国开发计划署（UNDP）在《1990年人文发展报告》中提出的，用以衡量联合国各成员国经济社会发展水平的指标。以"预期寿命、教育水平和生活质量"三项基础变量，按照一定的计算方法，得出的综合指标。HDI已经成为指导发展中国家制定相应发展战略的重要参考。

联合国千年发展目标（millennium development goals，MDGs），是在2000年9月，在联合国千年首脑会议上，191个成员国就消除贫穷、饥饿、疾病、文盲、环境恶化和对妇女的歧视，商定了一套有时限的目标和指标。即消灭极端贫穷和饥饿；普及小学教育；促进男女平等并赋予妇女权利；降低儿童死亡率；改善产妇保健；与艾滋病毒/艾滋病、疟疾和其他疾病作斗争；确保环境的可持续能力；全球合作促进发展。这些目标和指标被置于全球议程的核心，统称为千年发展目标。

多维贫困指数（multidemensional poverty index，MPI），MPI指数选取了三个维度：健康、教育、生活水平测量贫困。MPI可以反映不同个体或家庭在不同维度上的贫困程度。MPI在测度多维贫困时更具有代表性、实用性与科学性。MPI从微观层面来反映个体贫困状况，以及贫困的深度，在反映一个国家或地区在人文发展方面取得的进步上具有更好的效度和信度。该指数选取的维度面广，能较好地近似反映贫困人口所处的真实情况，是一种更加符合现代社会发展需求的贫困测度方法。

更好生活指数（OECD better life index，BLI），摒弃"唯经济增长"的思维，经济合作发展组织2011年提出BLI，衡量社会个人福祉。包括物质生活条件、生活品质和可持续性三个方面。物质生活条件包括财富、工作收入、居住条件；生活品质包括健康状况、工作与生活的平衡、教育与技能、社会关系、公民参与、政治治理、环境品质、人身安全、主观幸福感；可持续性包括自然资本、经济资本、人力资本和社会资本。

国民幸福总值（gross national happiness，GNH），从20世纪70年代开始，不但提出国民福祉的发展比经济的发展更重要，是全世界第一个把追求国民福祉作为国家政策的国家。GNH四大基本元素是平等稳固的社会经济建设，文化价值的保护和发扬，自然环境的保护和高效管理制度的建立。

幸福星球指数（happy planet index，HPI），该指标将环境对幸福的影响放在了重要的位置，度量生活满意度、生态和环境保护、人均预期寿命三项内容。它的特点是注重衡量幸福的投入产出比。

(二) 国外公共服务管理的先进经验

社会公共服务的发展水平与社会发展阶段有很大关系。通常, 经济越发达的国家越有能力向国民提供良好的公共服务。国外政府职能主要以保障完善的公共服务为核心要务, 涵盖教育、医疗卫生、养老保险、失业保险、贫困救济、国民收入再分配、环境保护等公共服务领域。发达国家的公共服务一般分为两种类型: 一种是"公平和效率兼顾型"公共服务体系; 一种是"强调共建"的公共服务体系。

1. "公平和效率兼顾"的公共服务体系——以美国为例

美国在公共服务方面, 一方面通过政府保障公共服务的公平, 另一方面积极发挥市场在公共服务方面的资源配置, 注重市场在提升分配效率上的优势。政府一般只提供纯公益性的公共服务, 市场则负责提供经营性的服务项目。美国强调参与公共服务的各方共赢, 旨在建立平等互利的合作关系。一方面制定合理的市场准入门槛, 如制定规范的准入标准; 同时通过立法等保障各方权利和义务, 如公共服务信息公开制度、沟通协调制度、需求表达制度等, 从而确保公共服务市场有序。

2. "强调共建"的公共服务体系——以英国为例

2010 年, 英国提出"大社会"这一社会改革理念, 是指将权力从政治家手中拿走, 将权力还于人民之中。改革的初衷是英国的高福利导致公共服务开支连续增长, 然而助长了人们的惰性和依赖性, 于是提出"小政府, 还政于民", 鼓励公众共同承担社会责任。

2011 年 7 月, 英国颁布了《开放公共服务白皮书》, 指出政府在公共服务领域的核心职能是"选择、放权、多样性、公平和问责"这五项基本原则。基本出发点是保证公众有权力选择适合自身的服务, 保障公共服务领域的公平与开放的竞争环境。政府在三个重点公共服务领域提出改革: ①开放教育、技能培训等以个人使用为主的服务, 将权力直接下沉到使用服务的公民手中。让人民依据自身情况, 自助选择公共服务, 直接掌控所获得公共服务的方式、地点。②开放当地公共领域维护、社区安全等针对某一地区的、以集体使用为主的社区服务，提高社区的公共服务话语权。政府将权力尽可能下沉到社区民选议会或地方政府等合适的最底层机构，赋予社区对农村资产的购买权，拓展其对当地学校、街道等场地的控制权；赋予地方政府对公共运输和环境等问题的控制权；通过民选市长和警察委员的方式，拓展地方民主。③开放税收征管、监狱等针对地方和国家层面而非个人和社区使用为主的委托服务，政府可以在保证公共服务供应商质量和多样性的情况下，通过适当授权委托向社会进一步开放，鼓励各类供应商通过公共部门合同和采购的形式竞争服务（孙迎春，2015）。

（三）成都市"5679"幸福密码提升共享发展品质

成都市自 2007 年开始，连续获得"中国最具幸福感城市"、"民生贡献特别大奖"、"民生成就典范城市最高荣誉奖"、"中国最美幸福城市最高荣誉大奖"、"中国形象典范城市"和"中国最具文化软实力"等奖项。成都提出的"5679"幸福密码是成都市政府关注发展品质提升的表现。实现 5 大发展战略，提出"十三五"经济发展的 6 大具体目标，全面完成 7 项重点工作，提出 9 个方面工作，这其中涵盖了成都市在城市共享发展方面的先进经验：

1. "立城优城"改善民生

成都市进行了以"北改"为龙头的中心城区的更新改造。20 世纪 60 年代，成都市被列为八个重点建设的中心城市之一，形成了北、东、南三个方向发展的城市布局，即北部建交通枢纽，东部建工业区，南部建文化区。到了 90 年代，由于城北居住环境破旧，公共设施落后，"脏乱差"成为城北的代名词。

2012 年，"北改"工程启动，是成都有史以来规模最大的民生工程。"北改"工程的重点是关注城市形态、业态、文态和生态：

1）城市形态：结合中心城区总体规划、土地利用规划以及有关专项规划，突出形态规划，保障产业用地的规模及比例，科学布局城市空间，抓好老旧片区改造，打造精品街区和精品社区，努力形成多中心、组团式、人性化城市空间格局。

2）城市业态：按照高端商贸和现代物流为主导的产业定位，坚持规范化、规模化、品质化、国际化的商贸物流发展思路，将重大基础设施建设、产业布局调整有机结合，全面优化北城业态，形成高端产业格局，实现产业倍增，促进一二圈层融合发展、共同繁荣。

3）城市文态：坚持有机更新理念，保护城市文化基因，深度挖掘文化内涵，着力培育特色文态。同步开展城市风貌设计，做好主要街道、路段、节点的建筑立面风貌设计，形成城市特色风貌。

4）城市生态：依托城北地区良好的生态本底，充分利用山形水势打造休闲绿带和生态空间，形成上风上水、亲山亲水的城市人居环境。优化布局生态系统和绿地空间，推动绿地向交通干道两侧适度配置，形成鲜明的视觉效果，营造宜人的城北优美环境。

2. "统筹城乡" 均衡发展

"十二五"期间，财政投入"三农"超1785亿元。城乡收入差距由2.16缩小到1.90，农村人口饮用水安全问题基本解决，统筹城市综合配套改革的9项在全国进行推广。获批第二批农村改革试验区，深入推进农村公共服务和社会管理设施标准化建设。

成都探索形成"小组微生"新村建设模式，即在形成"小规模、组团式、微田园、生态化"的新农村，该模式被誉为"新农村建设的2.0版本"。截至2016年，成都市已经形成形态优美、配套完善、产村相融的"小组微生"新农村综合体123个。成都市在"小组微生"模式中推进农村公共服务和社会管理设施标准化建设，提出"1+21"的配套要求。即一个新型社区或一个综合体的建设，包括文化活动室、卫生服务站、垃圾收集房、幼儿园、综合性便民服务中心、全民健身广场、农贸市场等不低于21项公共服务设施。

四、共享发展的数据分析

（一）评价指标

在2015年发布的《中共中央关于制定国民经济和社会发展第十三个五

年规划的建议》中，提出"坚持共享发展，着力增进人民福祉"，规划建议中关于共享发展的建议中提及最多关键词是就业、教育、制度、医疗、政策、收入、贫困、扶贫、脱贫、改革、城乡、医保、保障、养老、保险（图6-3）。于是，本报告从城乡收入分配、城市就业、生活质量、社会保障四个方面分析 15 个样本资源型城市的共享发展现状。

图 6-3　《十三五规划》中关于"共享发展"论述的关键点

收入分配：城乡居民收入差距系数是反映城乡之间的经济二元结构，一般由城市居民人均可支配收入与农村居民人均收入之比而得。

城市就业：就业是民生之本，是共享发展是否得到落实的重要考量，是保障和改善人民生活的重要条件。城镇登记失业率是指就业服务机构登记的城镇失业人员人数与城镇在业人数加城镇失业人数之比。

生活质量：采用城镇生活污水处理率和每百人公共图书馆藏书（册、件）来表明居民的卫生改善和精神文明生活水平。

社会保障：养老、医疗是社会保障的基本内容，报告采用城镇基本医疗保险参保率和城镇职工基本养老保险参保率来表明社会保障共享程度的水平。

（二）结果分析

依据上述构建的指标体系，选取 15 个典型资源型城市分析其共享发展的程度，具体结果如表6-3和图6-4所示。

表6-3　15个样本资源型城市共享发展度

城市	收入分配	城镇就业	生活质量	社会保障	共享发展度	共享发展度城市	排名
铜陵	0.598	0.648	0.933	0.955	0.783	铜陵	1
马鞍山	0.391	0.791	0.610	0.297	0.522	抚顺	2
青白江	1.000	1.000	0.554	0.082	0.659	青白江	3
本溪	0.836	0.336	0.775	0.646	0.648	本溪	4
湘潭	0.891	0.198	0.603	0.145	0.459	枣庄	5
枣庄	0.665	0.929	0.559	0.169	0.580	石嘴山	6
平顶山	0.470	0.593	0.475	0.094	0.408	阳泉	7
阳泉	0.624	0.672	0.567	0.308	0.543	马鞍山	8
抚顺	0.860	0.905	0.595	0.759	0.780	大庆	9
十堰	0.000	0.000	0.533	0.101	0.159	铜川	10
大同	0.012	0.791	0.397	0.243	0.361	攀枝花	11
石嘴山	0.559	0.391	0.900	0.356	0.552	湘潭	12
大庆	0.568	0.285	0.927	0.187	0.492	平顶山	13
铜川	0.235	0.514	0.924	0.261	0.484	大同	14
攀枝花	0.533	0.486	0.359	0.517	0.474	十堰	15

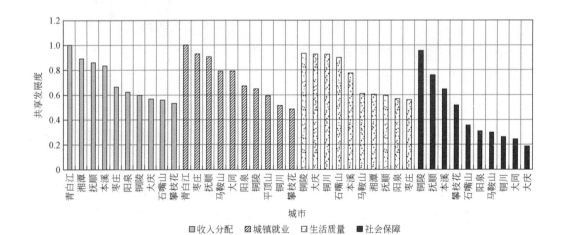

图6-4　15个样本资源型城市共享发展各分项情况

共享发展的目标是增进人民福祉，"十三五"规划建议也强调"坚持普惠性、保基本、均等化、可持续方向，从解决人民群众最关心最直接最现实的利益问题入手"，缩小收入差距是协调利益分配的关键，资源型城市中青白江、湘潭、抚顺、本溪、枣庄做得比较好。在促进城镇就业方面，青白江、枣庄、抚顺、马鞍山、大同位于前五位。其中，青白江区通过开辟分流人员就业通道、优化失地农民就业通道、扩大大学生就业通道三种模式，实现自主创业、自谋职业和灵活就业。在提升生活质量建设方面，铜陵、大庆、铜川、石嘴山、本溪排名位于资源型城市的前五位，2015年铜陵在全国城镇污水处理管理考核的城镇污水处理指标、污水处理设施覆盖率、主要污染物削减及监督管理四项指标中，污水处理设施覆盖率、监督管理两项均为满分。在社会保障覆盖方面，排名位于前五位的城市是铜陵、抚顺、本溪、攀枝花、石嘴山（图6-4）。

样本选取的资源型城市中，城乡收入差距最小的城市为青白江、湘潭、抚顺、本溪和枣庄；解决城镇失业最好的城市为青白江、枣庄、抚顺、大同和马鞍山；城市生活质量综合排名前五位的城市是铜陵、大庆、铜川、石嘴山和本溪；社会保障综合排名前五位的城市是铜陵、抚顺、本溪、攀枝花和石嘴山。综合来看，共享发展程度排名前五位的资源型城市是铜陵、抚顺、青白江、本溪和枣庄（图6-5）。

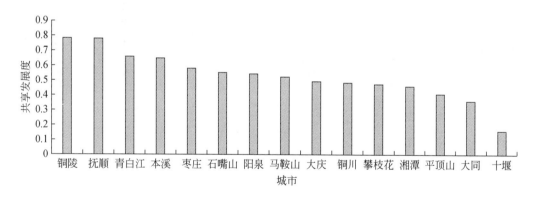

图6-5　资源型城市共享发展度排名

第二篇

"五大发展理念"下的新型城镇化评价指标篇

第七章 "五大发展理念"下的新型城镇化评价指标体系

一、"五大发展理念"下的新型城镇化指标体系的统计原则

衡量五大发展理念下的新型城镇化水平的指标体系构成了一个庞大的和严密的定量式大纲，依据各个指标的表现和位置，既可以分析、比较、判别和评价中国城市的新型城镇化发展水平，又可以还原、复制、模拟、预测中国城市的新型城镇化水平的未来演化、方案预选和监测预警。它可以作为决策者、管理者和社会公众认识和把握中国新型城镇化水平的基本工具。考虑到指标体系的上述意义，从具体操作层面来说，所构建的新型城镇化水平评价指标体系应符合以下标准：

（1）指标体系的完备性

指标体系就评价目的和目标来说应该能够全面反映评价对象的各方面特征。在构建指标体系之前，应用物理—事理—人理的方法论（顾基发和唐锡晋，2006），深入分析和挖掘评价对象的潜在特征，并广泛征求与评价对象相关人员的意见，尽可能列出所有影响评价结果的指标，建立一个比较完备的指标库。理论上来讲，为了达到指标体系的完备性标准，指标数量应尽可能多一些。在构建指标体系时，我们往往都会选择尽可能多的指标供专家筛

选，因此，指标体系完备性的这一标准比较容易满足。

（2）指标体系精简性

为保证指标体系的完备性，将指标库所有的指标都加入到指标体系是不科学和不经济的。因为指标数量的增多意味着数据获取成本的增加，另外，指标之间可能存在一定的相关性，致使一些指标成为冗余指标。因此，指标体系要在信息全面性和指标数量尽可能少之间寻找最优均衡点。

（3）指标体系的普适性

同类评价对象之间存在空间上的差异性，用同一指标体系进行测评难免存在一定的系统误差，因此构建指标体系时应该尽量控制指标体系的灵敏度，使其具有普适性。

依据城市发展的理论内涵、结构内涵、功能内涵和统计内涵，我们建立了由经济质量、社会质量、环境质量、生活质量和管理质量五大体系组成的衡量城市发展质量水平的指标体系。这些指标以及由这些指标形成的体系，力求具备：①内部逻辑清晰、合理、自恰；②简捷、易取，所代表的信息量大；③权威、通用，可以在统一基础上进行宏观对比；④层次分明，具有严密的等级系统并在不同层次上进行时间和空间排序；⑤具有理论依据或统计规律的权重分配，评分度量和排序规则。

二、"五大发展理念"下的新型城镇化评价指标体系

依据上述统计原则，本节以"五大发展理念"下的新型城镇化水平为研究对象，并结合主题篇对研究对象的论述，构建了五大发展理念下新型城镇化水平的指标体系。如表 7-1 所示，该指标体系主要由 5 大子系统、15 个状态指标和 30 个具体变量构成，即分别代表二级指标、三级指标和四级指标。5 大子系统分别是创新发展度、协调发展度、绿色发展度、开放发展度和共享发展度。30 个具体变量则主要取自《中国统计年鉴2015》、《中国城市统计年鉴2015》和《中国区域经济统计年鉴2014》的数据。

表 7-1　五大发展理念下的新型城镇化评价指标体系

一级指标	二级指标	三级指标	四级指标
1 个	5 个	15 个	30 个
新型城镇化发展水平	创新发展度	科技创新	科学技术支出占比
			科学研究、技术服务从业人员占比
		管理创新	公共管理和社会组织从业人员占比
			财政自给率
		双创能力	城镇私营和个体从业人员
			第三产业从业人员比重
	协调发展度	经济协调	GDP 质量指数
			产业结构：第三产业占 GDP 比重
		城乡协调	城乡二元结构系数
			恩格尔系数
		物质文明和精神文明协调	每百人公共图书馆藏书
			每万人剧场、影剧院数
	绿色发展度	资源节约	人均生活用水量
			人均生活用电量
		环境友好	建成区绿化覆盖率
			三废综合处理率
		生态文明	城市维护建设资金支出占比
			人均城市道路面积
	开放发展度	进出口贸易	货物进口总额
			货物出口总额
		外商投资	外商投资企业总产值
			当年实际使用外资金额
		港澳台投资	港澳台商投资企业数
			港澳台商投资企业总产值
	共享发展度	教育水平	普通中小学数
			教育支出占比
		医疗服务	每百人卫生机构数
			医疗卫生支出占比
		社会保障	社会保障和就业支出占比
			城镇基本医疗保险参保人数

（一）创新发展度

党的十八届五中全会指出，"坚持创新发展，必须把创新摆在国家发展全局的核心位置，不断推进理论创新、制度创新、科技创新、文化创新等各方面创新，让创新贯穿党和国家一切工作，让创新在全社会蔚然成风。"这既是对"科技是第一生产里力"内涵的升华，也使创新进入到更综合的层面。另外，大众创业、万众创新（"双创"）也是国家基于转型发展需要和国内创新潜力提出的重大战略。考虑到指标的可获取性，报告从科技创新、管理创新和"双创"发展三个层面综合度量具体城市的创新发展度。

（二）协调发展度

"坚持协调发展，必须牢牢把握中国特色社会主义事业总体布局，正确处理发展中的重大关系，重点促进城乡区域协调发展，促进经济社会协调发展，促进新型工业化、信息化、城镇化、农业现代化同步发展，在增强国家硬实力的同时注重提升国家软实力，不断增强发展整体性。"党的十八届五中全会聚焦全面建成小康社会目标，提出协调发展理念，旨在补齐发展短板，解决发展不平衡问题。实现协调发展，要大力推动城乡协调发展、推动区域协调发展、推动物质文明和精神文明协调发展、推动经济建设和国防建设协调发展等。

（三）绿色发展度

"坚持绿色发展，必须坚持节约资源和保护环境的基本国策，坚持可持续发展，坚定走生产发展、生活富裕、生态良好的文明发展道路，加快建设资源节约型、环境友好型社会，形成人与自然和谐发展现代化建设新格局，推进美丽中国建设，为全球生态安全作出新贡献。"党的十八届五中全会从"五位一体"的整体布局出发，把绿色发展理念摆在突出位置，具有鲜明的时代特色。绿色发展是实现资源节约、环境友好、生态文明发展道路的必然选择。推动城市绿色发展，建设人与自然和谐共生的美丽家园。

（四） 开放发展度

"坚持开放发展，必须顺应我国经济深度融入世界经济的趋势，奉行互利共赢的开放战略，发展更高层次的开放型经济，积极参与全球经济治理和公共产品供给，提高我国在全球经济治理中的制度性话语权，构建广泛的利益共同体。"党的十八届五中全会从全球视野思考中国发展问题，提出开放发展理念。构建开放型经济新体制，既要打开大门吸引外资，也要中国企业对外投资；既要推进"一带一路"建设，打造陆海内外联动新格局，又要深化内地和港澳、大陆和台湾地区合作发展，唯有开放才能实现以合作共赢为核心的新型国际关系。

（五） 共享发展度

"坚持共享发展，必须坚持发展为了人民、发展依靠人民、发展成果由人民共享，作出更有效的制度安排，使全体人民在共建共享发展中有更多获得感，增强发展动力，增进人民团结，朝着共同富裕方向稳步前进。"党的十八届五中全会关于"共享发展"给出了具体部署安排，更加明确指出改革发展成功与否的最终的判断标准是人民群众是否共同享受到了改革发展成果。习近平总书记指出："我们的人民期盼有更好的教育、更稳定的工作、更满意的收入、更可靠的社会保障、更高水平的医疗卫生服务、更舒适的居住条件、更优美的环境，期盼着孩子们能成长得更好、工作得更好、生活得更好。"改善民生，让人民共享发展成果，是社会主义的本质要求，也是提升城市共享发展度的必然选择。

第三篇

"五大发展理念"下的新型城镇化计算评估统计篇

第八章 "五大发展理念"下的新型城镇化水平计算评估

一、关于城镇化水平度量样本城市选择的说明

本报告以五大发展理念下的新型城镇化水平为研究内容，在中国老工业化城市中选取了 40 个城市作为研究对象，具体分布如表 8-1 所示。

表 8-1 本报告选取的 40 个老工业基地

省份	城市
河北	唐山
山西	太原、大同、阳泉
内蒙古	包头
辽宁	沈阳、鞍山、抚顺、本溪、阜新
吉林	长春、吉林
黑龙江	哈尔滨、齐齐哈尔、鸡西、鹤岗、大庆
安徽	马鞍山、铜陵
江西	萍乡、九江
山东	淄博、枣庄
河南	洛阳、平顶山、焦作
湖北	武汉、黄石、十堰
湖南	株洲、湘潭
重庆	重庆
四川	青白江、攀枝花
陕西	铜川、宝鸡
甘肃	金昌、白银
宁夏	石嘴山
新疆	克拉玛依

统计数据主要来源于《中国城市统计年鉴2015》和《中国区域经济统计年鉴2014》,以及各城市2015年国民经济与社会发展统计公报。

二、中国老工业基地城市"五大理念发展度"数据统计

依据"五大发展理念"下新型城镇化发展水平评价指标体系,对40个老工业基地的五大理念发展度和综合城镇化发展水平进行度量,绘制出6幅统计表以及相应的6幅统计图。

表8-2反映"五大发展理念"下40个老工业基地的新型城镇化综合发展水平;图8-1为"五大发展理念"下40个老工业基地的新型城镇化综合发展水平排序图。

表8-3反映40个老工业基地的创新发展度;图8-2为40个老工业基地的创新发展度排序图。

表8-4反映40个老工业基地的协调发展度;图8-3为40个老工业基地的协调发展度排序图。

表8-5反映40个老工业基地的绿色发展度;图8-4为40个老工业基地的绿色发展度排序图。

表8-6反映40个老工业基地的开放发展度;图8-5为40个老工业基地的开放发展度排序图。

表8-7反映40个老工业基地的共享发展度;图8-6为40个老工业基地的共享发展度排序图。

表8-2 中国老工业基地的新型城镇化发展水平

城市	创新发展度	协调发展度	绿色发展度	开放发展度	共享发展度	新型城镇化发展水平	新型城镇化水平排序	
							城市	排序
唐山	0.309	0.348	0.559	0.312	0.498	0.405	武汉	1
太原	0.568	0.639	0.563	0.363	0.398	0.506	太原	2
大同	0.244	0.359	0.497	0.101	0.361	0.312	沈阳	3
阳泉	0.214	0.417	0.427	0.117	0.485	0.332	重庆	4
包头	0.434	0.539	0.416	0.195	0.294	0.375	长春	5
沈阳	0.557	0.577	0.497	0.432	0.344	0.481	淄博	6
鞍山	0.358	0.467	0.407	0.228	0.363	0.364	青白江	7

续表

城市	创新发展度	协调发展度	绿色发展度	开放发展度	共享发展度	新型城镇化发展水平	新型城镇化水平排序	
							城市	排序
抚顺	0.287	0.398	0.481	0.128	0.370	0.333	克拉玛依	8
本溪	0.310	0.385	0.539	0.319	0.289	0.368	铜陵	9
阜新	0.225	0.332	0.475	0.130	0.309	0.294	大庆	10
长春	0.369	0.472	0.561	0.475	0.407	0.457	唐山	11
吉林	0.274	0.390	0.398	0.127	0.522	0.342	哈尔滨	12
哈尔滨	0.422	0.573	0.405	0.245	0.280	0.385	九江	13
齐齐哈尔	0.217	0.415	0.468	0.172	0.381	0.330	包头	14
鸡西	0.179	0.387	0.463	0.181	0.352	0.313	湘潭	15
鹤岗	0.066	0.301	0.427	0.066	0.347	0.241	本溪	16
大庆	0.489	0.367	0.653	0.172	0.349	0.406	鞍山	17
马鞍山	0.347	0.269	0.524	0.318	0.315	0.355	洛阳	18
铜陵	0.388	0.372	0.508	0.417	0.382	0.413	马鞍山	19
萍乡	0.279	0.378	0.514	0.146	0.329	0.329	石嘴山	20
九江	0.280	0.320	0.518	0.393	0.394	0.381	吉林	21
淄博	0.304	0.413	0.566	0.263	0.551	0.419	枣庄	22
枣庄	0.251	0.364	0.585	0.121	0.384	0.341	铜川	23
洛阳	0.371	0.357	0.455	0.147	0.454	0.357	焦作	24
平顶山	0.218	0.299	0.482	0.077	0.558	0.327	株洲	25
焦作	0.274	0.384	0.449	0.120	0.465	0.338	宝鸡	26
武汉	0.627	0.609	0.327	0.664	0.357	0.517	抚顺	27
黄石	0.229	0.264	0.416	0.294	0.416	0.324	阳泉	28
十堰	0.266	0.208	0.385	0.216	0.412	0.297	齐齐哈尔	29
株洲	0.310	0.469	0.438	0.147	0.322	0.337	萍乡	30
湘潭	0.351	0.481	0.465	0.180	0.366	0.369	平顶山	31
重庆	0.481	0.314	0.495	0.636	0.400	0.466	黄石	32
青白江	0.388	0.433	0.466	0.522	0.286	0.419	鸡西	33
攀枝花	0.253	0.255	0.341	0.053	0.421	0.265	大同	34
铜川	0.213	0.344	0.594	0.029	0.524	0.341	十堰	35
宝鸡	0.226	0.253	0.520	0.140	0.528	0.333	阜新	36
金昌	0.121	0.375	0.408	0.024	0.442	0.274	金昌	37
白银	0.161	0.231	0.297	0.095	0.567	0.270	白银	38
石嘴山	0.292	0.383	0.695	0.038	0.355	0.353	攀枝花	39
克拉玛依	0.334	0.700	0.591	0.039	0.422	0.417	鹤岗	40

根据以上计算排序结果,将40个老工业基地的新型城镇化综合发展水平划分为四个梯队(图8-1),其中第一和第四梯队的老工业基地数较少,以第二和第三梯队的老工业基地数最多,我国大部分老工业基地的新型城镇化水平还有很大上升空间。

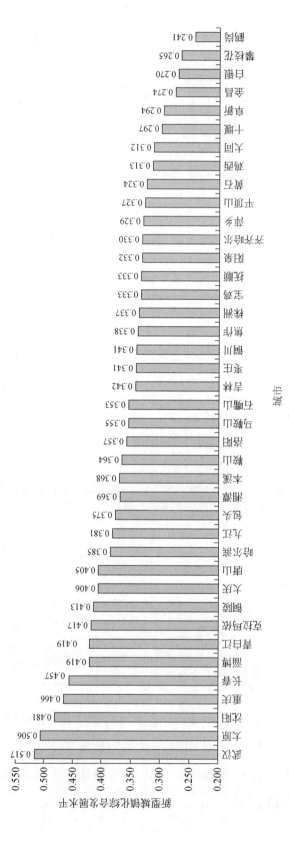

图8-1　中国老工业基地的新型城镇化综合发展水平排序

表8-3 中国老工业基地的创新发展度

城市	科技创新	管理创新	双创能力	创新发展度	排名
唐山	0.107	0.448	0.372	0.309	18
太原	0.613	0.514	0.577	0.568	2
大同	0.051	0.264	0.417	0.244	29
阳泉	0.111	0.263	0.266	0.214	35
包头	0.176	0.362	0.763	0.434	6
沈阳	0.442	0.601	0.629	0.557	3
鞍山	0.292	0.435	0.346	0.358	12
抚顺	0.125	0.305	0.432	0.287	21
本溪	0.152	0.372	0.405	0.310	16
阜新	0.031	0.165	0.480	0.225	32
长春	0.203	0.394	0.509	0.369	11
吉林	0.137	0.213	0.470	0.274	25
哈尔滨	0.191	0.450	0.626	0.422	7
齐齐哈尔	0.026	0.128	0.498	0.217	34
鸡西	0.027	0.262	0.249	0.179	37
鹤岗	0.032	0.023	0.142	0.066	40
大庆	0.516	0.456	0.496	0.489	4
马鞍山	0.256	0.344	0.443	0.347	14
铜陵	0.546	0.301	0.319	0.388	8
萍乡	0.137	0.265	0.436	0.279	23
九江	0.093	0.325	0.421	0.280	22
淄博	0.185	0.527	0.200	0.304	19
枣庄	0.062	0.376	0.314	0.251	28
洛阳	0.236	0.432	0.447	0.371	10
平顶山	0.082	0.323	0.248	0.218	33
焦作	0.147	0.314	0.361	0.274	24
武汉	0.585	0.670	0.626	0.627	1
黄石	0.108	0.261	0.320	0.229	30
十堰	0.103	0.142	0.552	0.266	26
株洲	0.133	0.318	0.478	0.310	17
湘潭	0.118	0.443	0.492	0.351	13
重庆	0.139	0.750	0.554	0.481	5
青白江	0.395	0.327	0.441	0.388	9
攀枝花	0.196	0.234	0.330	0.253	27
铜川	0.074	0.059	0.508	0.213	36
宝鸡	0.081	0.139	0.458	0.226	31
金昌	0.068	0.101	0.193	0.121	39
白银	0.052	0.052	0.380	0.161	38
石嘴山	0.186	0.168	0.524	0.292	20
克拉玛依	0.234	0.408	0.361	0.334	15

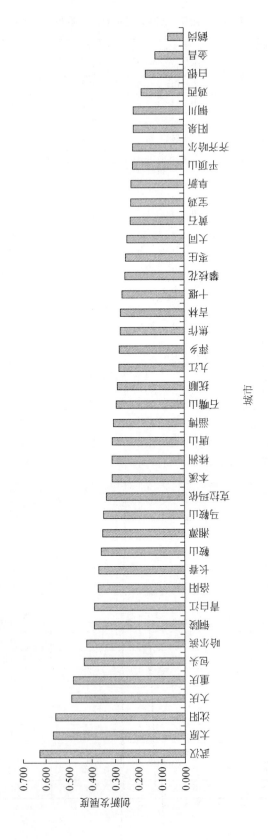

图8-2 中国老工业基地的创新发展度排序

表8-4　中国老工业基地的协调发展度

城市	经济协调	城乡协调	物质文明和精神文明协调	协调发展度	排名
唐山	0.484	0.455	0.104	0.348	28
太原	0.954	0.595	0.367	0.639	2
大同	0.727	0.270	0.079	0.359	26
阳泉	0.612	0.498	0.141	0.417	12
包头	0.864	0.386	0.367	0.539	6
沈阳	0.751	0.598	0.381	0.577	4
鞍山	0.674	0.579	0.147	0.467	10
抚顺	0.543	0.489	0.161	0.398	15
本溪	0.588	0.414	0.153	0.385	18
阜新	0.450	0.501	0.047	0.332	30
长春	0.618	0.553	0.244	0.472	8
吉林	0.637	0.481	0.052	0.390	16
哈尔滨	0.873	0.519	0.327	0.573	5
齐齐哈尔	0.584	0.555	0.105	0.415	13
鸡西	0.478	0.621	0.063	0.387	17
鹤岗	0.169	0.630	0.105	0.301	33
大庆	0.277	0.501	0.324	0.367	24
马鞍山	0.452	0.276	0.079	0.269	35
铜陵	0.427	0.298	0.392	0.372	23
萍乡	0.460	0.464	0.210	0.378	21
九江	0.512	0.307	0.141	0.320	31
淄博	0.646	0.506	0.087	0.413	14
枣庄	0.529	0.494	0.070	0.364	25
洛阳	0.556	0.490	0.025	0.357	27
平顶山	0.426	0.427	0.042	0.299	34
焦作	0.382	0.661	0.109	0.384	19
武汉	0.843	0.347	0.636	0.609	3
黄石	0.405	0.293	0.095	0.264	36
十堰	0.510	0.072	0.042	0.208	40
株洲	0.443	0.820	0.143	0.469	9
湘潭	0.475	0.835	0.133	0.481	7
重庆	0.690	0.235	0.018	0.314	32
青白江	0.522	0.444	0.332	0.433	11
攀枝花	0.291	0.246	0.228	0.255	37
铜川	0.392	0.246	0.393	0.344	29
宝鸡	0.317	0.087	0.355	0.253	38
金昌	0.336	0.421	0.369	0.375	22
白银	0.503	0.124	0.066	0.231	39
石嘴山	0.407	0.420	0.320	0.383	20
克拉玛依	0.450	0.722	0.929	0.700	1

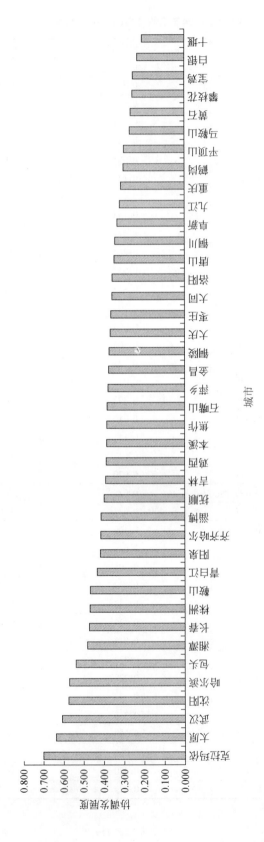

图8-3　中国老工业基地的协调发展度排序

表 8-5 中国老工业基地的绿色发展度

城市	资源节约	环境友好	生态文明	绿色发展度	排名
唐山	0.974	0.637	0.067	0.559	9
太原	0.403	0.654	0.633	0.563	7
大同	0.796	0.584	0.112	0.497	16
阳泉	0.863	0.335	0.083	0.427	29
包头	0.414	0.618	0.215	0.416	31
沈阳	0.557	0.721	0.213	0.497	17
鞍山	0.755	0.395	0.070	0.407	34
抚顺	0.820	0.549	0.074	0.481	20
本溪	0.799	0.688	0.128	0.539	10
阜新	0.632	0.784	0.010	0.475	21
长春	0.753	0.652	0.278	0.561	8
吉林	0.610	0.479	0.106	0.398	36
哈尔滨	0.621	0.513	0.082	0.405	35
齐齐哈尔	0.843	0.539	0.021	0.468	22
鸡西	0.872	0.480	0.039	0.463	25
鹤岗	0.677	0.586	0.017	0.427	30
大庆	0.722	0.795	0.441	0.653	2
马鞍山	0.673	0.668	0.230	0.524	11
铜陵	0.553	0.812	0.157	0.508	15
萍乡	0.812	0.660	0.071	0.514	14
九江	0.520	0.711	0.323	0.518	13
淄博	0.729	0.809	0.159	0.566	6
枣庄	0.895	0.765	0.095	0.585	5
洛阳	0.658	0.601	0.107	0.455	26
平顶山	0.717	0.661	0.069	0.482	19
焦作	0.772	0.449	0.125	0.449	27
武汉	0.037	0.673	0.271	0.327	39
黄石	0.546	0.462	0.239	0.416	32
十堰	0.698	0.391	0.066	0.385	37
株洲	0.352	0.716	0.247	0.438	28
湘潭	0.477	0.704	0.214	0.465	24
重庆	0.752	0.670	0.064	0.495	18
青白江	0.183	0.887	0.330	0.466	23
攀枝花	0.576	0.309	0.138	0.341	38
铜川	0.925	0.759	0.098	0.594	3
宝鸡	0.844	0.570	0.146	0.520	12
金昌	0.623	0.348	0.255	0.408	33
白银	0.401	0.367	0.121	0.297	40
石嘴山	0.861	0.693	0.531	0.695	1
克拉玛依	0.541	0.786	0.446	0.591	4

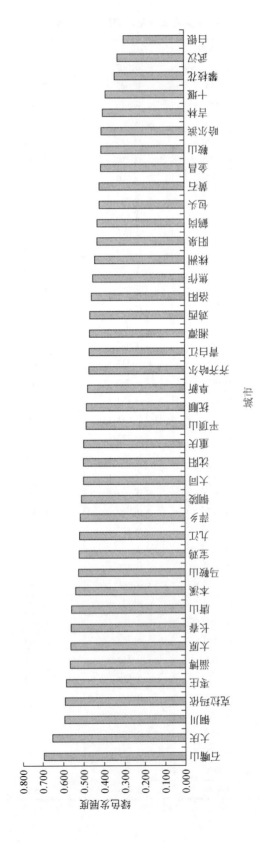

图8-4 中国老工业基地的绿色发展度排序

表8-6 中国老工业基地的开放发展度

城市	进出口贸易	外商投资	港澳台投资	开放发展度	排名
唐山	0.371	0.272	0.291	0.312	11
太原	0.296	0.302	0.491	0.363	8
大同	0.013	0.149	0.140	0.101	32
阳泉	0.006	0.163	0.183	0.117	31
包头	0.065	0.386	0.133	0.195	17
沈阳	0.435	0.552	0.310	0.432	5
鞍山	0.155	0.347	0.182	0.228	15
抚顺	0.039	0.152	0.192	0.128	27
本溪	0.147	0.276	0.534	0.319	9
阜新	0.012	0.173	0.205	0.130	26
长春	0.469	0.633	0.324	0.475	4
吉林	0.032	0.198	0.150	0.127	28
哈尔滨	0.130	0.418	0.186	0.245	14
齐齐哈尔	0.030	0.248	0.238	0.172	21
鸡西	0.047	0.061	0.434	0.181	18
鹤岗	0.003	0.053	0.141	0.066	35
大庆	0.074	0.217	0.226	0.172	20
马鞍山	0.101	0.636	0.217	0.318	10
铜陵	0.126	0.217	0.908	0.417	6
萍乡	0.056	0.115	0.267	0.146	24
九江	0.182	0.258	0.740	0.393	7
淄博	0.292	0.243	0.253	0.263	13
枣庄	0.045	0.089	0.229	0.121	29
洛阳	0.063	0.259	0.119	0.147	22
平顶山	0.017	0.071	0.143	0.077	34
焦作	0.077	0.169	0.115	0.120	30
武汉	0.690	0.897	0.405	0.664	1
黄石	0.082	0.288	0.513	0.294	12
十堰	0.018	0.534	0.096	0.216	16
株洲	0.092	0.188	0.160	0.147	23
湘潭	0.072	0.277	0.190	0.180	19
重庆	0.995	0.512	0.401	0.636	2
青白江	0.013	0.883	0.670	0.522	3
攀枝花	0.006	0.084	0.069	0.053	36
铜川	0.000	0.088	0.000	0.029	39
宝鸡	0.032	0.215	0.171	0.140	25
金昌	0.073	0.000	0.000	0.024	40
白银	0.022	0.048	0.214	0.095	33
石嘴山	0.016	0.031	0.067	0.038	38
克拉玛依	0.019	0.001	0.096	0.039	37

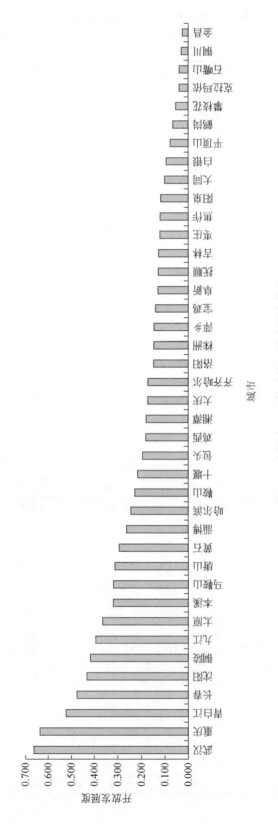

图8-5 中国老工业基地的开放发展度排序

表 8-7 中国老工业基地的共享发展度

城市	教育水平	医疗服务	社会保障	共享发展度	排名
唐山	0.544	0.857	0.094	0.498	7
太原	0.418	0.426	0.352	0.398	18
大同	0.505	0.384	0.195	0.361	26
阳泉	0.706	0.513	0.235	0.485	8
包头	0.200	0.342	0.339	0.294	37
沈阳	0.252	0.309	0.472	0.344	32
鞍山	0.261	0.470	0.359	0.363	25
抚顺	0.081	0.265	0.765	0.370	23
本溪	0.219	0.172	0.477	0.289	38
阜新	0.157	0.437	0.333	0.309	36
长春	0.450	0.505	0.266	0.407	16
吉林	0.430	0.693	0.443	0.522	6
哈尔滨	0.314	0.263	0.263	0.280	40
齐齐哈尔	0.499	0.370	0.275	0.381	22
鸡西	0.282	0.319	0.456	0.352	29
鹤岗	0.383	0.459	0.200	0.347	31
大庆	0.468	0.390	0.189	0.349	30
马鞍山	0.387	0.430	0.128	0.315	35
铜陵	0.346	0.283	0.516	0.382	21
萍乡	0.445	0.281	0.260	0.329	33
九江	0.666	0.402	0.114	0.394	19
淄博	0.554	0.737	0.363	0.551	3
枣庄	0.468	0.570	0.113	0.384	20
洛阳	0.723	0.573	0.066	0.454	10
平顶山	0.715	0.810	0.149	0.558	2
焦作	0.617	0.694	0.085	0.465	9
武汉	0.211	0.431	0.430	0.357	27
黄石	0.421	0.503	0.324	0.416	14
十堰	0.311	0.719	0.206	0.412	15
株洲	0.295	0.459	0.212	0.322	34
湘潭	0.423	0.411	0.262	0.366	24
重庆	0.381	0.218	0.603	0.400	17
青白江	0.324	0.441	0.093	0.286	39
攀枝花	0.452	0.612	0.200	0.421	13
铜川	0.592	0.679	0.300	0.524	5
宝鸡	0.754	0.687	0.145	0.528	4
金昌	0.338	0.749	0.238	0.442	11
白银	0.826	0.675	0.200	0.567	1
石嘴山	0.269	0.534	0.263	0.355	28
克拉玛依	0.577	0.339	0.348	0.422	12

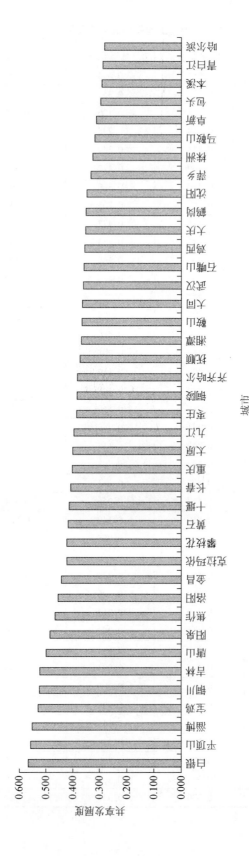

图8-6　中国老工业基地的共享发展度排序

三、40 个老工业基地的"五大理念"发展水平分析

1. 唐山

唐山 2015 年的新型城镇化发展水平为 0.405，在全国 40 个老工业城市中排名第 11 位。其中，绿色发展度相对较高，创新发展度则相对较低（图 8-7）。

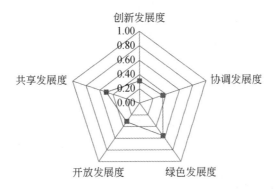

图 8-7　唐山的新型城镇化发展水平分析

2. 太原

太原 2015 年的新型城镇化发展水平为 0.506，在全国 40 个老工业城市中排名第 2 位。其中，协调发展度相对较高，开放发展度则相对较低（图 8-8）。

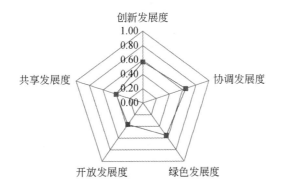

图 8-8　太原的新型城镇化发展水平分析

3. 大同

大同 2015 年的"新型城镇化发展水平"为 0.312，在全国 40 个老工业城市中排名第 34 位。其中，绿色发展度相对较高，开放发展度则相对较低（图 8-9）。

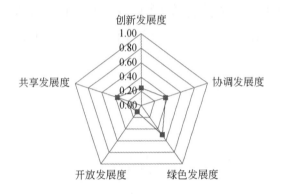

图 8-9　大同的新型城镇化发展水平分析

4. 阳泉

阳泉 2015 年的"新型城镇化发展水平"为 0.332，在全国 40 个老工业城市中排名第 28 位。其中，共享发展度相对较高，开放发展度则相对较低（图 8-10）。

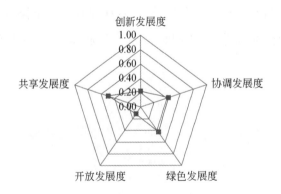

图 8-10　阳泉的新型城镇化发展水平分析

5. 包头

包头2015年的新型城镇化发展水平为0.375，在全国40个老工业城市中排名第14位。其中，协调发展度相对较高，开放发展度则相对较低（图8-11）。

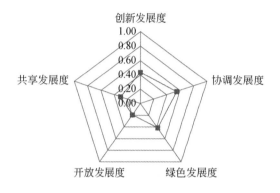

图8-11 包头的新型城镇化发展水平分析

6. 沈阳

沈阳2015年的"新型城镇化发展水平"为0.481，在全国40个老工业城市中排名第3位。其中，协调发展度相对较高，共享发展度则相对较低（图8-12）。

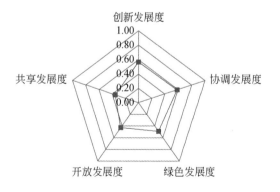

图8-12 沈阳的新型城镇化发展水平分析

7. 鞍山

鞍山 2015 年的"新型城镇化发展水平"为 0.364，在全国 40 个老工业城市中排名第 17 位。其中，协调发展度相对较高，开放发展度则相对较低（图 8-13）。

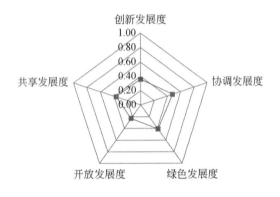

图 8-13　鞍山的新型城镇化发展水平分析

8. 抚顺

抚顺 2015 年的"新型城镇化发展水平"为 0.333，在全国 40 个老工业城市中排名第 27 位。其中，绿色发展度相对较高，开放发展度则相对较低（图 8-14）。

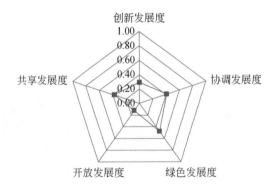

图 8-14　抚顺的新型城镇化发展水平分析

9. 本溪

本溪 2015 年的"新型城镇化发展水平"为 0.368,在全国 40 个老工业城市中排名第 16 位。其中,绿色发展度相对较高,共享发展度则相对较低(图 8-15)。

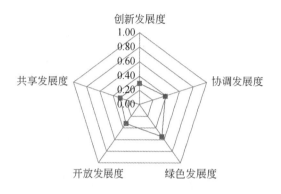

图 8-15 本溪的新型城镇化发展水平分析

10. 阜新

阜新 2015 年的新型城镇化发展水平为 0.294,在全国 40 个老工业城市中排名第 36 位。其中,绿色发展度相对较高,开放发展度则相对较低(图 8-16)。

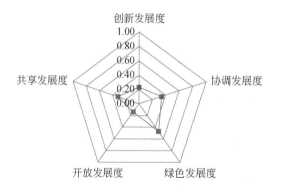

图 8-16 阜新的新型城镇化发展水平分析

11. 长春

长春 2015 年的新型城镇化发展水平为 0.457，在全国 40 个老工业城市中排名第 5 位。其中，绿色发展度相对较高，创新发展度则相对较低（图 8-17）。

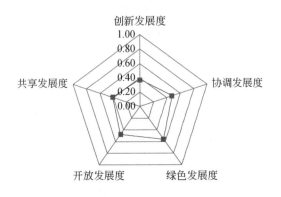

图 8-17　长春的新型城镇化发展水平分析

12. 吉林

吉林 2015 年的新型城镇化发展水平为 0.342，在全国 40 个老工业城市中排名第 21 位。其中，共享发展度相对较高，开放发展度则相对较低（图 8-18）。

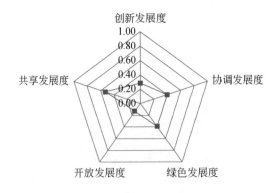

图 8-18　吉林的新型城镇化发展水平分析

13. 哈尔滨

哈尔滨 2015 年的"新型城镇化发展水平"为 0.385,在全国 40 个老工业城市中排名第 12 位。其中,协调发展度相对较高,开放发展度则相对较低(图 8-19)。

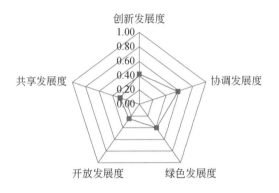

图 8-19　哈尔滨的新型城镇化发展水平分析

14. 齐齐哈尔

齐齐哈尔 2015 年的"新型城镇化发展水平"为 0.330,在全国 40 个老工业城市中排名第 29 位。其中,绿色发展度相对较高,开放发展度则相对较低(图 8-20)。

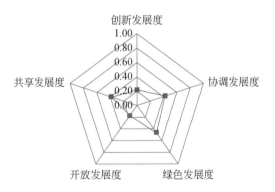

图 8-20　齐齐哈尔的新型城镇化发展水平分析

15. 鸡西

鸡西 2015 年的新型城镇化发展水平为 0.313, 在全国 40 个老工业城市中排名第 33 位。其中, 绿色发展度相对较高, 创新发展度则相对较低 (图 8-21)。

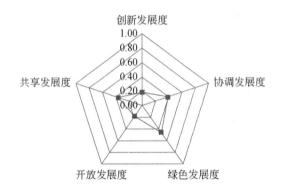

图 8-21　鸡西的新型城镇化发展水平分析

16. 鹤岗

鹤岗 2015 年的新型城镇化发展水平为 0.241, 在全国 40 个老工业城市中排名第 40 位。其中, 绿色发展度相对较高, 创新发展度则相对较低 (图 8-22)。

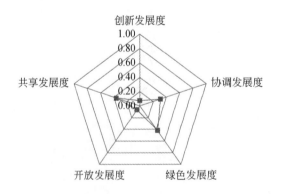

图 8-22　鹤岗的新型城镇化发展水平分析

17. 大庆

大庆2015年的新型城镇化发展水平为0.406，在全国40个老工业城市中排名第10位。其中，绿色发展度相对较高，开放发展度则相对较低（图8-23）。

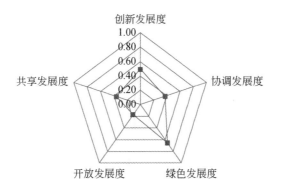

图8-23 大庆的新型城镇化发展水平分析

18. 马鞍山

马鞍山2015年的新型城镇化发展水平为0.355，在全国40个老工业城市中排名第19位。其中，绿色发展度相对较高，协调发展度则相对较低（图8-24）。

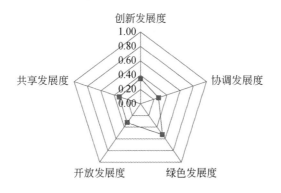

图8-24 马鞍山的新型城镇化发展水平分析

19. 铜陵

铜陵 2015 年的新型城镇化发展水平为 0.413，在全国 40 个老工业城市中排名第 9 位。其中，绿色发展度相对较高，协调发展度则相对较低（图 8-25）。

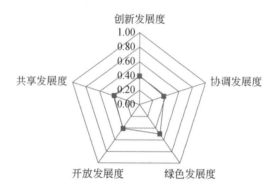

图 8-25　铜陵的新型城镇化发展水平分析

20. 萍乡

萍乡 2015 年的新型城镇化发展水平为 0.329，在全国 40 个老工业城市中排名第 30 位。其中，绿色发展度相对较高，开放发展度则相对较低（图 8-26）。

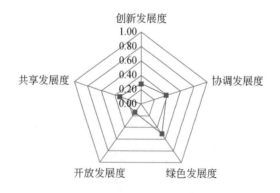

图 8-26　萍乡的新型城镇化发展水平分析

21. 九江

九江2015年的新型城镇化发展水平为0.381，在全国40个老工业城市中排名第13位。其中，绿色发展度相对较高，创新发展度则相对较低（图8-27）。

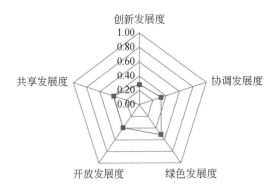

图8-27 九江的新型城镇化发展水平分析

22. 淄博

淄博2015年的新型城镇化发展水平为0.419，在全国40个老工业城市中排名第6位。其中，绿色发展度相对较高，开放发展度则相对较低（图8-28）。

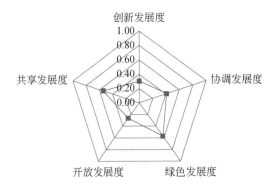

图8-28 淄博的新型城镇化发展水平分析

23. 枣庄

枣庄 2015 年的新型城镇化发展水平为 0.341，在全国 40 个老工业城市中排名第 22 位。其中，绿色发展度相对较高，开放发展度则相对较低（图 8-29）。

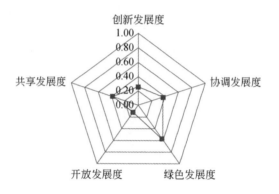

图 8-29　枣庄的新型城镇化发展水平分析

24. 洛阳

洛阳 2015 年的新型城镇化发展水平为 0.357，在全国 40 个老工业城市中排名第 18 位。其中，绿色发展度相对较高，开放发展度则相对较低（图 8-30）。

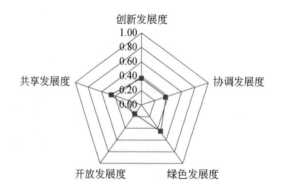

图 8-30　洛阳的新型城镇化发展水平分析

25. 平顶山

平顶山2015年的新型城镇化发展水平为0.327，在全国40个老工业城市中排名第31位。其中，共享发展度相对较高，开放发展度则相对较低（图8-31）。

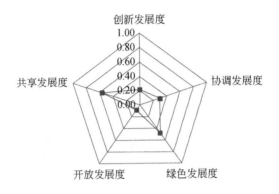

图8-31　平顶山的新型城镇化发展水平分析

26. 焦作

焦作2015年的新型城镇化发展水平为0.338，在全国40个老工业城市中排名第24位。其中，共享发展度相对较高，开放发展度则相对较低（图8-32）。

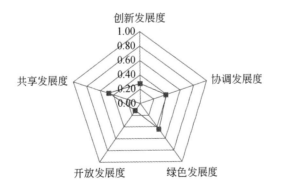

图8-32　焦作的新型城镇化发展水平分析

27. 武汉

武汉 2015 年的"新型城镇化发展水平"为 0.517，在全国 40 个老工业城市中排名第 1 位。其中，开放发展度相对较高，绿色发展度则相对较低（图 8-33）。

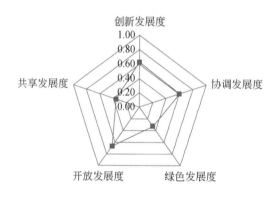

图 8-33　武汉的新型城镇化发展水平分析

28. 黄石

黄石 2015 年的新型城镇化发展水平为 0.324，在全国 40 个老工业城市中排名第 32。其中，共享发展度相对较高，创新发展度则相对较低（图 8-34）。

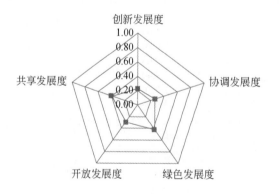

图 8-34　黄石的新型城镇化发展水平分析

29. 十堰

十堰2015年的新型城镇化发展水平为0.297，在全国40个老工业城市中排名第35位。其中，共享发展度相对较高，协调发展度则相对较低（图8-35）。

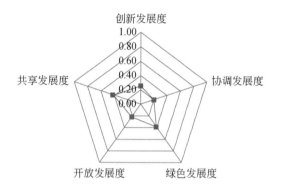

图8-35　十堰的新型城镇化发展水平分析

30. 株洲

株洲2015年的新型城镇化发展水平为0.337，在全国40个老工业城市中排名第25位。其中，协调发展度相对较高，开放发展度则相对较低（图8-36）。

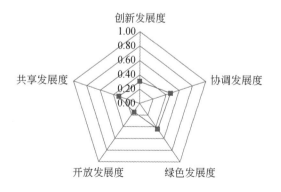

图8-36　株洲的新型城镇化发展水平分析

31. 湘潭

湘潭2015年的新型城镇化发展水平为0.369，在全国40个老工业城市中排名第15位。其中，协调发展度相对较高，开放发展度则相对较低（图8-37）。

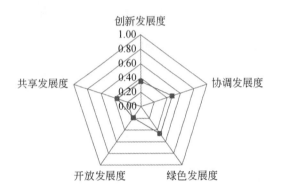

图8-37 湘潭的新型城镇化发展水平分析

32. 重庆

重庆2015年的新型城镇化发展水平为0.466，在全国40个老工业城市中排名第4位。其中，开放发展度相对较高，协调发展度则相对较低（图8-38）。

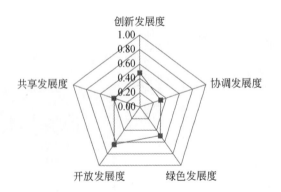

图8-38 重庆的新型城镇化发展水平分析

33. 青白江

青白江 2015 年的新型城镇化发展水平为 0.419, 在全国 40 个老工业城市中排名第 7 位。其中, 开放发展度相对较高, 共享发展度则相对较低 (图 8-39)。

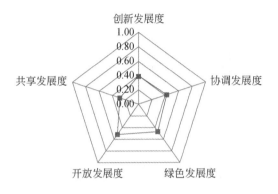

图 8-39 青白江的新型城镇化发展水平分析

34. 攀枝花

攀枝花 2015 年的新型城镇化发展水平为 0.265, 在全国 40 个老工业城市中排名第 39 位。其中, 共享发展度相对较高, 开放发展度则相对较低 (图 8-40)。

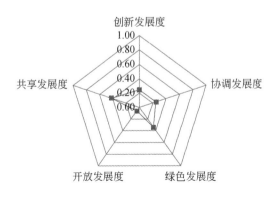

图 8-40 攀枝花的新型城镇化发展水平分析

35. 铜川

铜川 2015 年的新型城镇化发展水平为 0.341，在全国 40 个老工业城市中排名第 23 位。其中，绿色发展度相对较高，开放发展度则相对较低（图 8-41）。

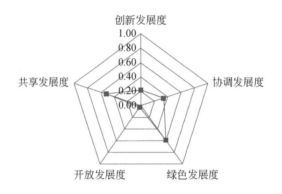

图 8-41　铜川的新型城镇化发展水平分析

36. 宝鸡

宝鸡 2015 年的新型城镇化发展水平为 0.333，在全国 40 个老工业城市中排名第 26 位。其中，共享发展度相对较高，开放发展度则相对较低（图 8-42）。

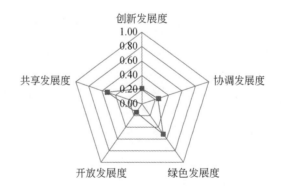

图 8-42　宝鸡的新型城镇化发展水平分析

37. 金昌

金昌 2015 年的新型城镇化发展水平为 0.274，在全国 40 个老工业城市中排名第 37 位。其中，共享发展度相对较高，开放发展度则相对较低（图 8-43）。

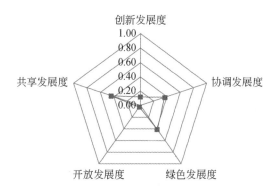

图 8-43　金昌的新型城镇化发展水平分析

38. 白银

白银 2015 年的新型城镇化发展水平为 0.270，在全国 40 个老工业城市中排名第 38 位。其中，共享发展度相对较高，开放发展度则相对较低（图 8-44）。

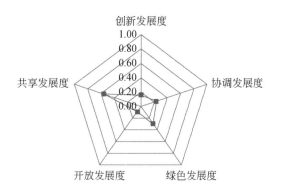

图 8-44　白银的新型城镇化发展水平分析

39. 石嘴山

石嘴山 2015 年的新型城镇化发展水平为 0.353，在全国 40 个老工业城市中排名第 20 位。其中，绿色发展度相对较高，开放发展度则相对较低（图 8-45）。

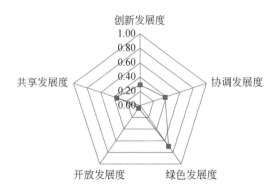

图 8-45　石嘴山的新型城镇化发展水平分析

40. 克拉玛依

克拉玛依 2015 年的新型城镇化发展水平为 0.417，在全国 40 个老工业城市中排名第 8 位。其中，协调发展度相对较高，开放发展度则相对较低（图 8-46）。

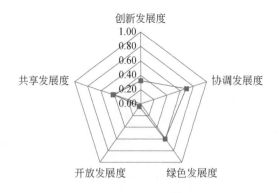

图 8-46　克拉玛依的新型城镇化发展水平分析

参 考 文 献

高淑桂 . 2016. 共享发展视野的跨越"中等收入陷阱". 改革,(1):113-120.

葛蕾 . 2016. 我国城镇化新常态理论创新研究 . 合作经济与科技,(1):39-40.

顾基发,唐锡晋 . 2006. 物理—事理—人理的系统方法论:理论与应用 . 上海:上海科技教育出版社 .

韩康 . 2012. 构建"中国幸福城市评价体系"——2012"为大多数人幸福"的城市发展评价体系 . 国家行政学院学报,(5):13-23.

吕志鹏,王红云,赵彦云 . 2015. 经济开放度的测算与国际比较 . 国际贸易问题,(01):14-24.

李莉娜 . 2014. 国外自由贸易区发展的经验及其启示 . 价格月刊,(2):47-54.

毛爱林 . 2015. 我国对外开放程度对城镇化的影响研究 . 重庆大学硕士学位论文 .

缪细英,廖福霖,祁新华 . 2011. 生态文明视野下中国城镇化问题研究 . 福建师范大学学报(哲学社会科学版),(1):22-27.

倪玉平 . 2016. 资源型城市发展困境与转型路径 . 中国党政干部论坛,(05):63-65.

裴长洪,郑文 . 2014. 中国开放型经济新体制的基本目标和主要特征 . 经济学动态,(4):8-17.

孙迎春 . 2015. 英国开放公共服务改革及其启示 . 社会治理,(4):144-149

向锦,康赞亮 . 2006. 我国出口结构的现状及其优化初探 . 国际贸易问题,(07):15-18.

张洁,刘科伟,刘红光 . 2007. 我国主要城市创新能力评价 . 科技管理研究,27(11):74-77.

Edwards S. 1992. Trade orientation, distortions and growth in developing countries . Journal of Development Economics, 39(1):31-37.

Solow R M. 1957. Technical Change and the Aggregate Production Function, Review of Economics and Statistics, 39:312-320.

Sachs J, Warner A. 1995. Economic Reform and the Progress of global integration. Harvard Institute of Economic Research Working Papers, 35(1):1-118.